小学校体育

簡単！授業で役立つ！

イラスト&学習カード CD-ROM

Windows対応

教師生活向上プロジェクト
【編】

東洋館出版社

もくじ
CONTENTS

本書活用のポイント	4
使用するデータをCDから見つける	6
学習カードの見方・使い方	7
CD-ROMを使用するに当たって	8
CD-ROMの構成	9

第1章　低学年で使えるイラスト＆学習カード

1	体つくり運動	12
2	器械・器具を使っての運動遊び	18
3	走・跳の運動遊び	22
4	水遊び	26
5	ゲーム	30
6	表現リズム遊び	34

第2章　中学年で使えるイラスト＆学習カード

1	体つくり運動	38
2	器械運動	44
3	走・跳の運動	48
4	浮く・泳ぐ運動	52
5	ゲーム	56
6	表現運動	60

第3章　高学年で使えるイラスト＆学習カード

1	体つくり運動	64
2	器械運動	70
3	陸上運動	74
4	水泳	78
5	ボール運動	82
6	表現運動	86

「本書活用のポイント」次ページへGO！→

本書活用のポイント

　本書は、体育の授業で使えるイラストが満載です。子どもたちの技能を向上させるための資料や、ゲームでの作戦カード、伸びを実感できる記録カードなど、先生自身のアイデアにより、いろいろなことに活用できます。また、単元ごとにコピーして使える学習カードも付いています。

■本書の見方
[イラスト]

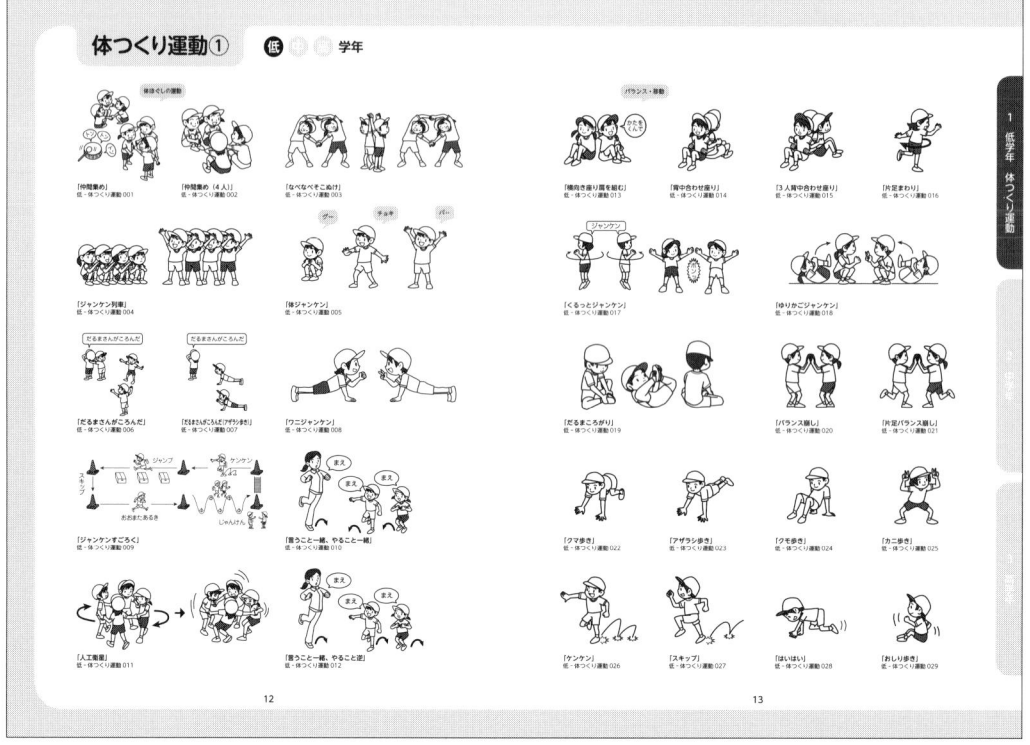

① 運動領域名・項目名

　運動領域名と、そのイラストの項目名を記載しています。本書は、小学校学習指導要領に合わせて、2学年ごと、3つの章で構成しています。付属のCD-ROM内のフォルダも「低・中・高学年→運動領域名」の順で収録しています。

② ファイル番号

　付属のCD-ROMに収録されているイラスト、テンプレートデータのファイル番号です。ファイル形式はPNGデータ（.png形式）、Wordデータ（.doc形式）の2種類があります。

   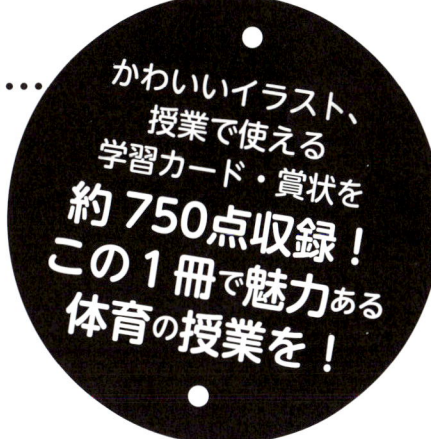

[学習カード・賞状]

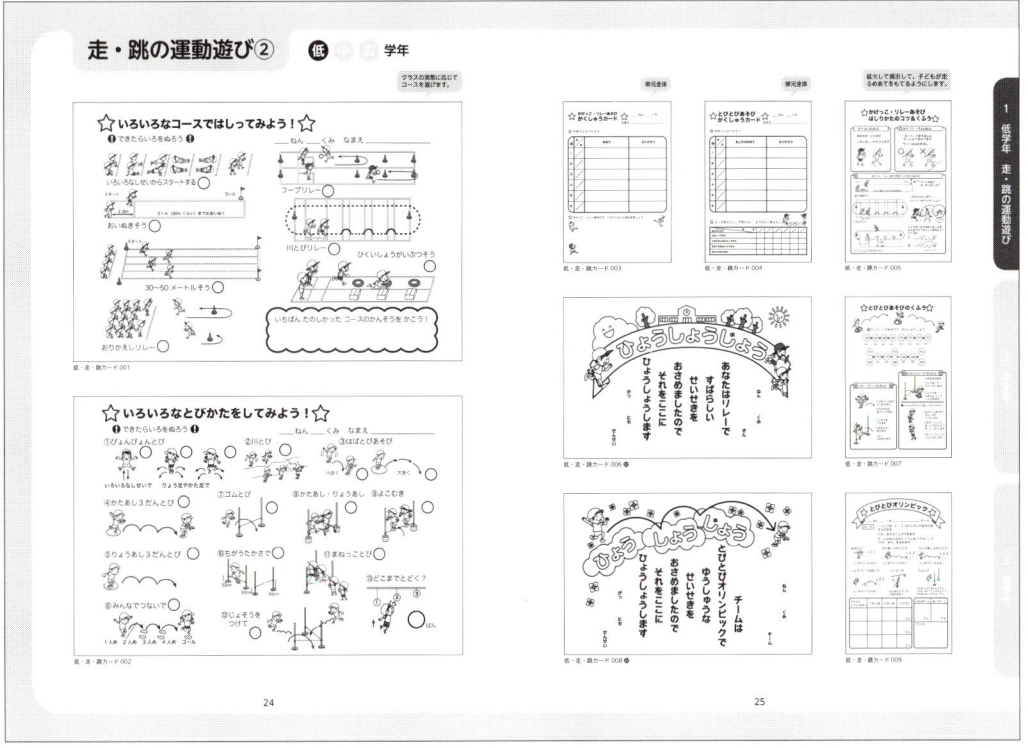

③ Wordデータ

本書に収録されている賞状等は、PNGデータのほかに、WordデータもCD-ROMに収録しています。自分の名前や、クラスの子どもたちの名前を入力できます。「Ⓦ」は、Wordデータが収録されていることを示しています。

④ 推奨サイズ

学習カードについては、授業で使うB5サイズになっています。印刷の際にサイズを調整することも可能ですので、「掲示用としてA3サイズで使う」など、用途に合わせて、お好みのサイズでお使いください。

使用するデータをCDから見つける

　ここでは、実際に使用するイラストの見つけ方を簡単に解説します。例として、「第1章　低学年で使えるイラスト＆学習カード」の「体つくり運動・ボール回し（頭）」（低－体つくり運動041.png）のイラストを見つけてみましょう。

❶ CD-ROM を入れる

　お使いのパソコンに付属のCD-ROMを入れてください。CD-ROMが起動したら、右図のような画面が出てきます。「フォルダーを開いてファイルを表示」をクリックしてください。

※すでにCD-ROMが入っている状態で探す場合は「スタート」→「マイ コンピュータ」→「リムーバブル記憶域があるデバイス」で探すことができます。

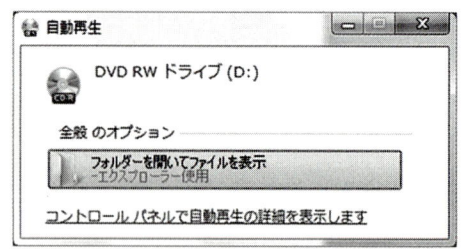

❷「1　低学年」のフォルダを開く

　以上のように作業を進めていくと、各章ごとのフォルダの画面が出てきます。今回は使用するイラストは「低学年」なので「1　低学年」のフォルダをダブルクリックします。

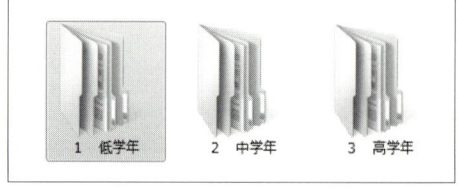

❸運動内容を選択する

　次に低学年の体育の運動内容のフォルダが表示されます。今回、使用するイラストは体つくり運動の動きになるので、「1　体つくり運動」のフォルダをダブルクリックしましょう。続いて、「イラスト」「学習カード」のフォルダが表示されます。ここでは**「イラスト」**のフォルダを選択します。

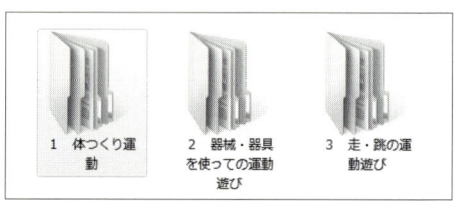

❹イラストを選択する

　「体つくり運動」のフォルダを開くと本誌のP12〜P15のイラストデータが出てきます。使用するイラストは**「低－体つくり運動041.png」**と表示されているので、そのデータをフォルダから探し出しましょう。以上がイラストデータを見つける一連の流れになります。

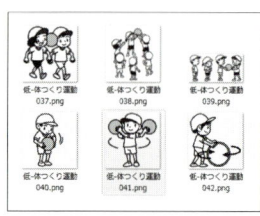 

P014「ボール回し（頭）」
低－体つくり運動041.png

学習カードの見方・使い方

　ここでは、実際に授業で学習カードを使用する際に、どのような意図をもって活用していくかを解説していきます。学習カードの記述のみで評価するのではなく、「技能（運動）」「態度」「思考・判断」をバランスよく評価していきましょう。

❶単元全体を通して使用する

　単元全体を通して、子どもの変容を見取るための学習カードです。

　毎時間の授業の最初に、この授業での「めあて」をもたせることがポイントです。授業後には、そのめあてが達成できたか、そのためにどのような点を協力したかなどを書かせていきましょう。単元の最後には、必ず、単元を通しての振り返りを行うようにしましょう。

　子どもたち一人ひとりに「体育ノート」を作らせ、使用した学習カードをノートに貼り、自分たちの成長を実感させたいものです。そして、評価の際にも役立てていきましょう。

❷１時間の授業での作戦決めで使用する

　ボール運動（ボール遊び）では、チームを作って運動を行うことがほとんどです。その際、チームごとの作戦を決めるために使用します。この学習カードは主に子どもの「思考・判断」を見取ることを意図しています。

　作戦決めの際は、具体的なポジションの工夫、個々の良さを生かした役割の分担などの言葉かけをしていきます。また、授業後には、作戦の良かった点と、次時への課題を意識させます。

　作戦カードに記入することにあまり時間をかけすぎないよう、しっかりと運動時間を確保することを心がけましょう。

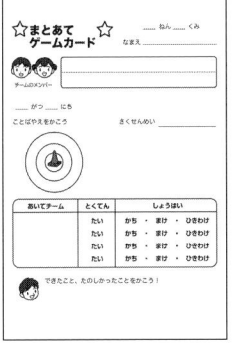

❸運動を行う際の資料として使用する

　体育の授業では、子どもたちの運動の技能を向上させるために、適切な資料が必要になります。「様々な動きを示した資料」「動きのコツを視覚的に示した資料」など、教師の工夫が求められます。

　動さをこと細かく説明しても、なかなか上手にできない子もいます。そのため、オノマトペを活用し、リズムで技をできるようにしたり、タブレット端末やデジタルカメラなどのICT機器を活用して指導していくことも効果的です。

　また、上手にできる子に見本を行ってもらい、子ども同士の学び合いを行うなど、協同的な学習を行うことを意識していきましょう。

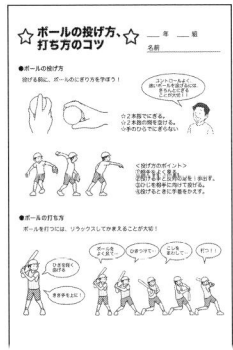

CD-ROM を使用するに当たって

　本書付属の CD-ROM には、様々な場面で役立つイラストや学習カードが満載です。ここでは、「収録データの解説」「使用上の注意点」「CD-ROM の構成」について解説していきます。CD-ROM をご使用する前に、必ずお読みください。

収録データの解説

　CD-ROM に収録されているデータは PNG 形式、Word 形式の 2 種類です。イラストカットや、テンプレートの「学習カード」はすべて PNG 形式です。「賞状」など、先生がデータ上で使用するものは Word 形式でも作成しています。

「PNG」とは、背景が透明な状態で保存されているファイル形式です。ワードやエクセル、様々な画像処理ソフトで読み込むことが可能です。そのまま貼り付けるだけでなく、画像を切り抜いて使用したり、文字と組み合わせたりして使用するのに便利です。カラーモードはグレースケール（黒 1 色）になります。

「Word」とは、Microsoft 社のワープロソフトです。各種文書の作成やはがきなどの宛名作成、案内状やはがきの作成などを行うことができます。また、イラストや図表などを配置することもできます。本書では賞状に使用しています。

使用上の注意点　　Windows 対応

○推奨 OS：Windows 7 以降
○収録データ：Microsoft Office 2003 以上推奨

❶必要動作環境
　CD-ROM を読み込むことができるパソコンでお使いいただけます。OS のバージョンは問いませんが（推奨 OS 上記）、処理速度の遅いパソコンでは開くのに時間がかかることがあります。

❸イラストデータについて
　CD-ROM に収録されている「イラスト」のデータはすべて PNG 形式です。イラストを拡大して使用する場合に、イラストのまわりの線にゆがみやギザギザが出る場合がございます。あらかじめ、ご了承ください。

❷取り扱い上の注意
　ディスクを持つときは、再生盤面に触れないようにし、キズや汚れなどを付けないようにしてください。使用後は、直射日光が当たる場所など、高温・多湿になる場所を避けて保管してください。

❹その他の注意事項
　付属 CD-ROM を紛失・破損した際のサポートは行っておりません。また、付属 CD-ROM に収録した画像等を使用することで起きたいかなる損害及び被害につきましても著者及び（株）東洋館出版社は一切の責任を負いません。

※使用許諾範囲について
　本書は著作権上の保護を受けています。本書の一部あるいは全部について、（株）東洋館出版社及び著作権者の許諾を得ずに無断で複写・複製することは禁じられています。ただし、購入者が本書のイラスト等を授業などに使用する場合は、この限りではありません。
　ご使用の際、クレジットの表記や個別の使用許諾申請も必要なく、著作権料を別途お支払いする必要もありません。ただし、以下の行為は著作権を侵害するものであり、固く禁止されていますので、ご注意ください。「素材データの販売・複製」「素材データによる商品の製作・販売」「Web 上における再配布行為」「素材データの商標登録」「営利目的での使用」。

CD-ROM の構成

本書付属の CD-ROM に収録されているデータは、以下のようなフォルダの構成になっています。

- **1 低学年**
  - 1 体つくり運動
    - イラスト　[低-体つくり運動001〜063]
    - 学習カード　[低-体つくり運動カード001〜008]
  - 2 器械・器具を使っての運動遊び
  - 3 走・跳の運動遊び
  - 4 水遊び
  - 5 ゲーム
  - 6 表現リズム遊び

- **2 中学年**
  - 1 体つくり運動
    - イラスト　[中-体つくり運動001〜059]
    - 学習カード　[中-体つくり運動カード001〜006]
  - 2 器械運動
  - 3 走・跳の運動
  - 4 浮く・泳ぐ運動
  - 5 ゲーム
  - 6 表現運動

- **3 高学年**
  - 1 体つくり運動
    - イラスト　[高-体つくり運動001〜070]
    - 学習カード　[高-体つくり運動カード001〜006]
  - 2 器械運動
  - 3 陸上運動
  - 4 水泳
  - 5 ボール運動
  - 6 表現運動

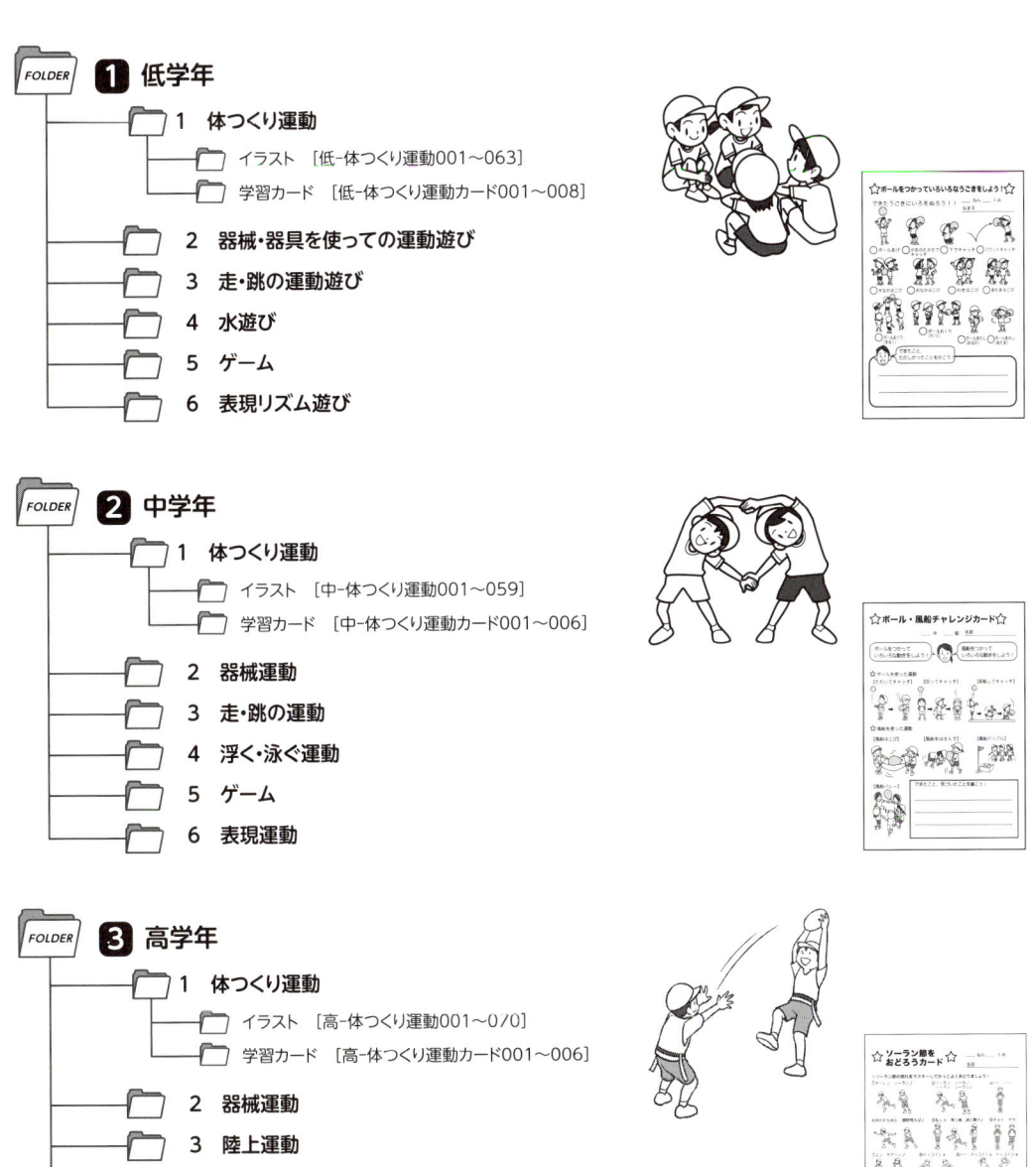

1

低学年で使える
イラスト＆学習カード

体つくり運動
器械・器具を使っての運動遊び
走・跳の運動遊び
水遊び
ゲーム
表現リズム遊び

体つくり運動① 学年

「仲間集め」
低 - 体つくり運動 001

「仲間集め（4人）」
低 - 体つくり運動 002

「なべなべそこぬけ」
低 - 体つくり運動 003

「ジャンケン列車」
低 - 体つくり運動 004

「体ジャンケン」
低 - 体つくり運動 005

「だるまさんがころんだ」
低 - 体つくり運動 006

「だるまさんがころんだ（アザラシ歩き）」
低 - 体つくり運動 007

「ワニジャンケン」
低 - 体つくり運動 008

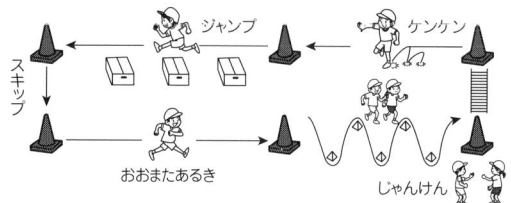

「ジャンケンすごろく」
低 - 体つくり運動 009

「言うこと一緒、やること一緒」
低 - 体つくり運動 010

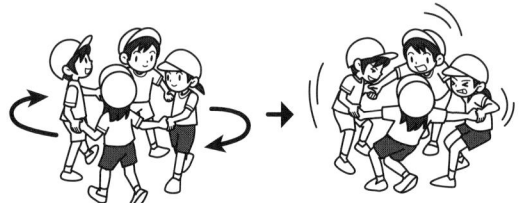

「人工衛星」
低 - 体つくり運動 011

「言うこと一緒、やること逆」
低 - 体つくり運動 012

バランス・移動

「横向き座り肩を組む」
低 - 体つくり運動 013

「背中合わせ座り」
低 - 体つくり運動 014

「3人背中合わせ座り」
低 - 体つくり運動 015

「片足まわり」
低 - 体つくり運動 016

「くるっとジャンケン」
低 - 体つくり運動 017

「ゆりかごジャンケン」
低 - 体つくり運動 018

「だるまころがり」
低 - 体つくり運動 019

「バランス崩し」
低 - 体つくり運動 020

「片足バランス崩し」
低 - 体つくり運動 021

「クマ歩き」
低 - 体つくり運動 022

「アザラシ歩き」
低 - 体つくり運動 023

「クモ歩き」
低 - 体つくり運動 024

「カニ歩き」
低 - 体つくり運動 025

「ケンケン」
低 - 体つくり運動 026

「スキップ」
低 - 体つくり運動 027

「はいはい」
低 - 体つくり運動 028

「おしり歩き」
低 - 体つくり運動 029

1. 低学年 体つくり運動

2. 中学年

3. 高学年

体つくり運動②   学年

用具・ボール

「ボールを上に投げる」
低 – 体つくり運動 030

「顔の高さでキャッチ」
低 – 体つくり運動 031

「トでキャッチ」
低 – 体つくり運動 032

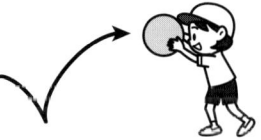
「ついたボールをキャッチ」
低 – 体つくり運動 033

「ボール運び（背中）」
低 – 体つくり運動 034

「ボール運び（おなか）」
低 – 体つくり運動 035

「ボール運び（脇）」
低 – 体つくり運動 036

「ボール運び（頭）」
低 – 体つくり運動 037

「ボール送り（丸くなって）」
低 – 体つくり運動 038

「ボール送り（列になって）」
低 – 体つくり運動 039

「ボール回し（おなか）」
低 – 体つくり運動 040

「ボール回し（頭）」
低 – 体つくり運動 041

用具・フープ

「輪回し」
低 – 体つくり運動 042

「輪ころがし」
低 – 体つくり運動 043

「2人で輪ころがし」
低 – 体つくり運動 044

「輪ころがし（的当て）」
低 – 体つくり運動 045

「輪 腕回し」
低 – 体つくり運動 046

「輪 体回し」
低 – 体つくり運動 047

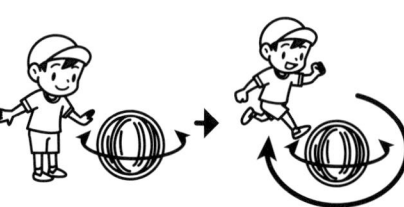
「輪 地面回し→発展技」
低 – 体つくり運動 048

用具・なわ

「短なわ 前跳び」
低 - 体つくり運動 049

「短なわ 後ろ跳び」
低 - 体つくり運動 050

「短なわ かけあし跳び」
低 - 体つくり運動 051

「短なわ 2人跳び」
低 - 体つくり運動 052

「短なわ グーパー跳び」
低 - 体つくり運動 053

「短なわ 交差跳び」
低 - 体つくり運動 054

「長なわ 大波小波」
低 - 体つくり運動 055

「長なわ くぐり抜け」
低 - 体つくり運動 056

用具・竹馬

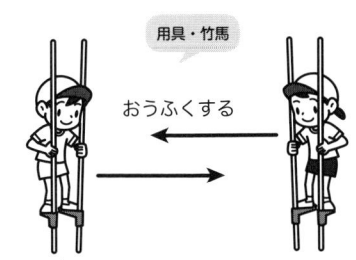
「竹馬遊び」
低 - 体つくり運動 057

「竹馬 缶ぽっくり」
低 - 体つくり運動 058

「竹馬 三角竹馬」
低 - 体つくり運動 059

力試し

「押しずもう」
低 - 体つくり運動 060

「引っぱりっこ」
低 - 体つくり運動 061

「タオル引っぱりっこ」
低 - 体つくり運動 062

「腕立て時計回り」
低 - 体つくり運動 063

1 低学年 体つくり運動

2 中学年

3 高学年

体つくり運動③ 学年

拡大して掲示したり、子どもたちに配付したりして、活用してください。

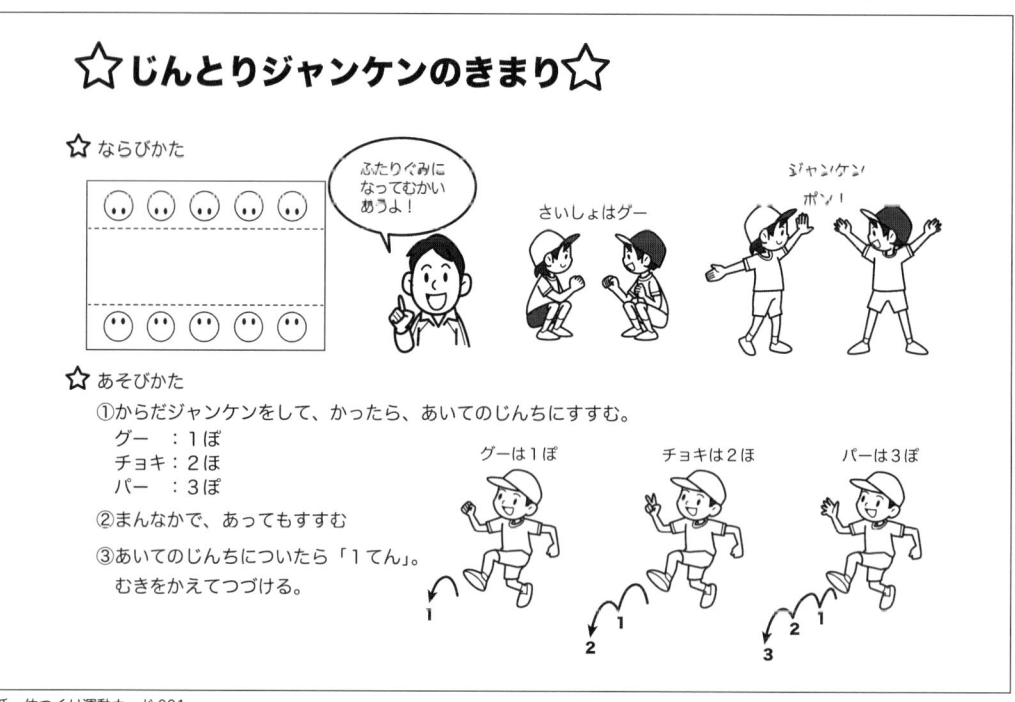

低 - 体つくり運動カード 001

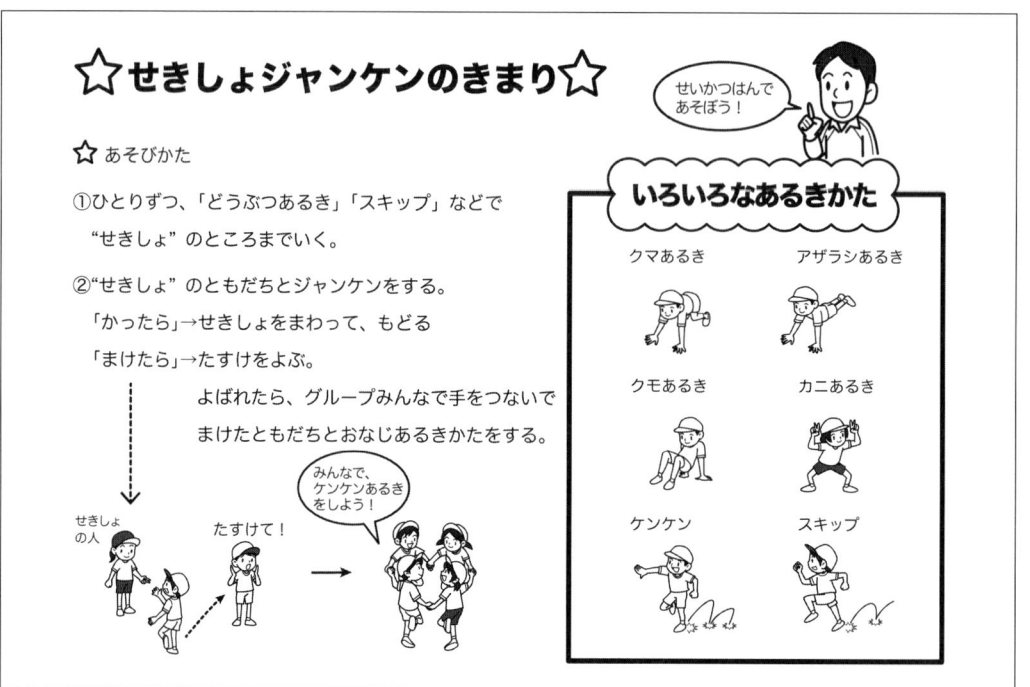

低 - 体つくり運動カード 002

低学年の体つくり運動では、易しい動きをたくさん行います。

記述欄で子どもの「思考・判断」を見取ります

低 – 体つくり運動カード 003

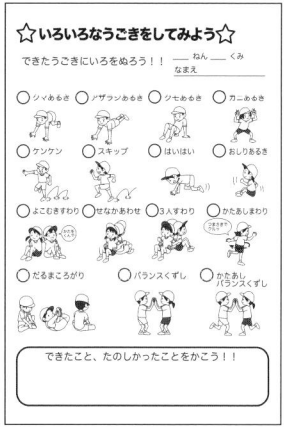
低 – 体つくり運動カード 004

低 – 体つくり運動カード 005

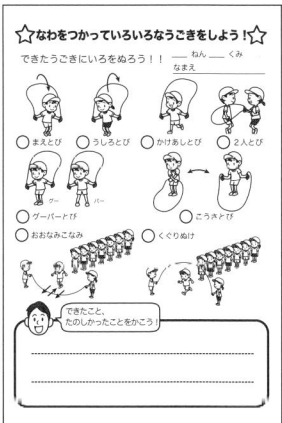
低 – 体つくり運動カード 006

低 – 体つくり運動カード 007

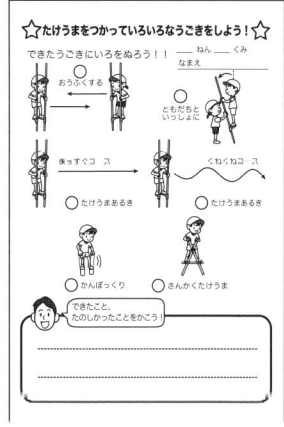
低 – 体つくり運動カード 008

1 低学年 体つくり運動

2 中学年

3 高学年

器械・器具を使っての運動遊び①   学年

固定施設

「うんてい ぶらさがり」
低 - 器械・器具 001

「うんてい 移動」
低 - 器械・器具 002

「うんてい 跳び下り」
低 - 器械・器具 003

「うんてい 的に跳び下り」
低 - 器械・器具 004

「登り棒 登り下り」
低 - 器械・器具 005

「登り棒 つかまって止まる」
低 - 器械・器具 006

「登り棒 2本で登る」
低 - 器械・器具 007

「登り棒 横に移動」
低 - 器械・器具 008

「ジャングルジム 登り下り」
低 - 器械・器具 009

「ジャングルジム 横渡り」
低 - 器械・器具 010

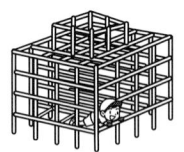
「ジャングルジム くぐる」
低 - 器械・器具 011

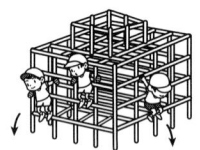
「ジャングルジム 跳び下り」
低 - 器械・器具 012

「平均台 歩き・後ろ歩き」
低 - 器械・器具 013

「平均台 横歩き」
低 - 器械・器具 014

「平均台 ポーズ」
低 - 器械・器具 015

「平均台 跳び下り」
低 - 器械・器具 016

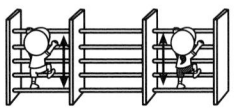
「ろくぼく のぼりおり」
低 - 器械・器具 017

「ろくぼく ぶらさがり」
低 - 器械・器具 018

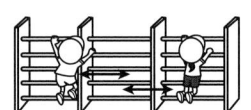
「ろくぼく 横渡り」
低 - 器械・器具 019

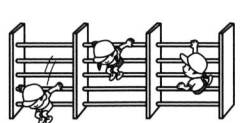
「ろくぼく 跳び下り」
低 - 器械・器具 020

「クマ歩き」
低 - 器械・器具 021

「カエルの足打ち」
低 - 器械・器具 022

「ゆりかご」
低 - 器械・器具 023

「前ころがり」
低 - 器械・器具 024

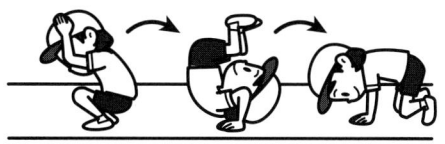

「後ろころがり」
低 - 器械・器具 025

「丸太ころがり」
低 - 器械・器具 026

「首倒立」
低 - 器械・器具 027

「壁登り 逆立ち」
低 - 器械・器具 028

鉄棒

「川渡り」
低 - 器械・器具 029

「ぶらさがり」
低 - 器械・器具 030

「ブタの丸焼き」
低 - 器械・器具 031

「ツバメ」
低 - 器械・器具 032

「コウモリ」
低 - 器械・器具 033

「ふとんほし」
低 - 器械・器具 034

「だるまさん」
低 - 器械・器具 035

1 低学年 器械・器具を使っての運動遊び

2 中学年

3 高学年

器械・器具を使っての運動遊び②   学年

「跳び上がり」
低-器械・器具036

「跳び下り」
低-器械・器具037

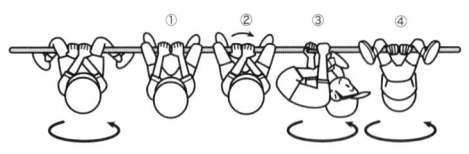

「地球まわり」
低-器械・器具038

「ぶらさがりジャンケン」
低-器械・器具039

跳び箱

「うま跳び（低）」
低-器械・器具040

「うま跳び（高）」
低-器械・器具041

「ふみこし跳び」
低-器械・器具042

「またぎのり」
低-器械・器具043

「またぎ下り」
低-器械・器具044

「跳びのり・跳び下り」
低-器械・器具045

「またぎこし」
低-器械・器具046

「前ころがり」
低-器械・器具047

20

動きのポイントを状況に
応じて入力してください

マット

「足開き跳び」
低－器械・器具048

低－器械・器具カード001

「横跳び」
低－器械・器具049

鉄棒

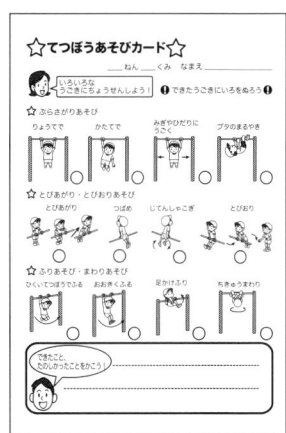

低－器械・器具カード002

「跳び箱の上で回転」
低－器械・器具050

拡大して掲示したり、子どもた
ちに配付したりして、事前に怪
我を防ぐようにしましょう。

跳び箱

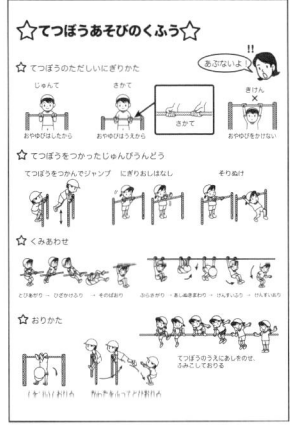

低－器械・器具カード003

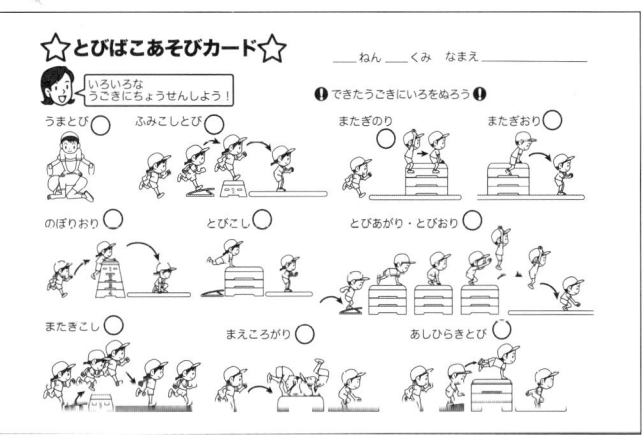

低－器械・器具カード004

1 低学年　器械・器具を使っての運動遊び

2 中学年

3 高学年

21

走・跳の運動遊び① 学年

  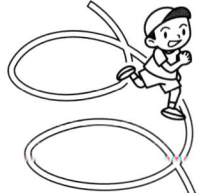 

「まっすぐ走る」
低 - 走・跳 001

「ジグザグ走る」
低 - 走・跳 002

「くねくね走る」
低 - 走・跳 003

「迎えタッチ」
低 - 走・跳 004

「色々な姿勢からのスタート」
低 - 走・跳 005

「小さな輪をパスしてリレー」
低 - 走・跳 006

  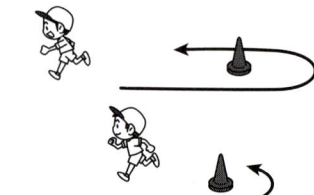

「バトンパスリレー」
低 - 走・跳 007

「折り返しリレー」
低 - 走・跳 008

「30〜50m のかけっこ」
低 - 走・跳 009

「走るときの姿勢」
低 - 走・跳 010

「低い障害物かけっこ」
低 - 走・跳 011

「走るときのアドバイス(障害物)」
低 - 走・跳 012

跳

「大の字跳び」
低 - 走・跳 013

「手叩き跳び・片足跳び」
低 - 走・跳 014

「幅跳び遊び」
低 - 走・跳 015

「両足3段跳び」
低 - 走・跳 016

「川跳び」
低 - 走・跳 017

「くねくね川跳び」
低 - 走・跳 018

「跳ぶときのポイント」
低 - 走・跳 019

「川跳び（幅を変える）」
低 - 走・跳 020

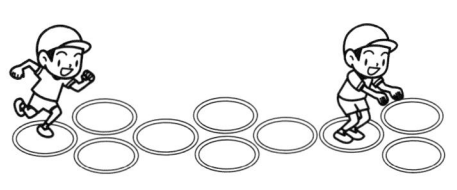
「ケンパー跳び遊び」
低 - 走・跳 021

「ジャンケン遊び」
低 - 走・跳 022

「ゴム跳び」
低 - 走・跳 023

「ゴム跳びのポイント」
低 - 走・跳 024

「片足踏み切りと両足踏み切り」
低 - 走・跳 025

「横向き踏み切り」
低 - 走・跳 026

「3本ゴム跳び」
低 - 走・跳 027

1 低学年　走・跳の運動遊び

2 中学年

3 高学年

走・跳の運動遊び②   学年

クラスの実態に応じてコースを選びます。

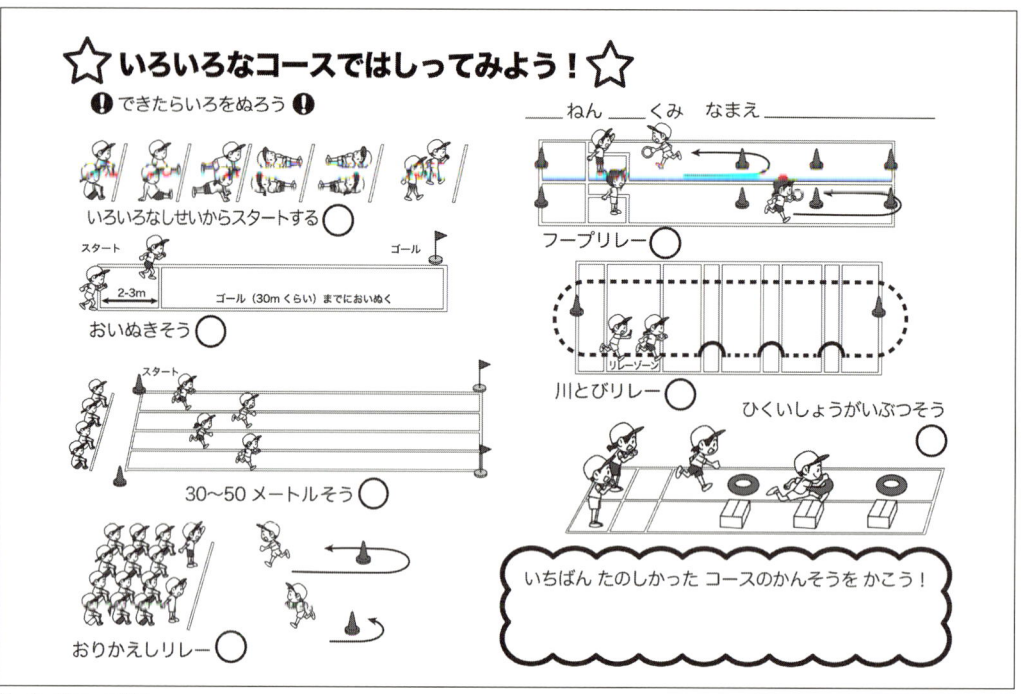

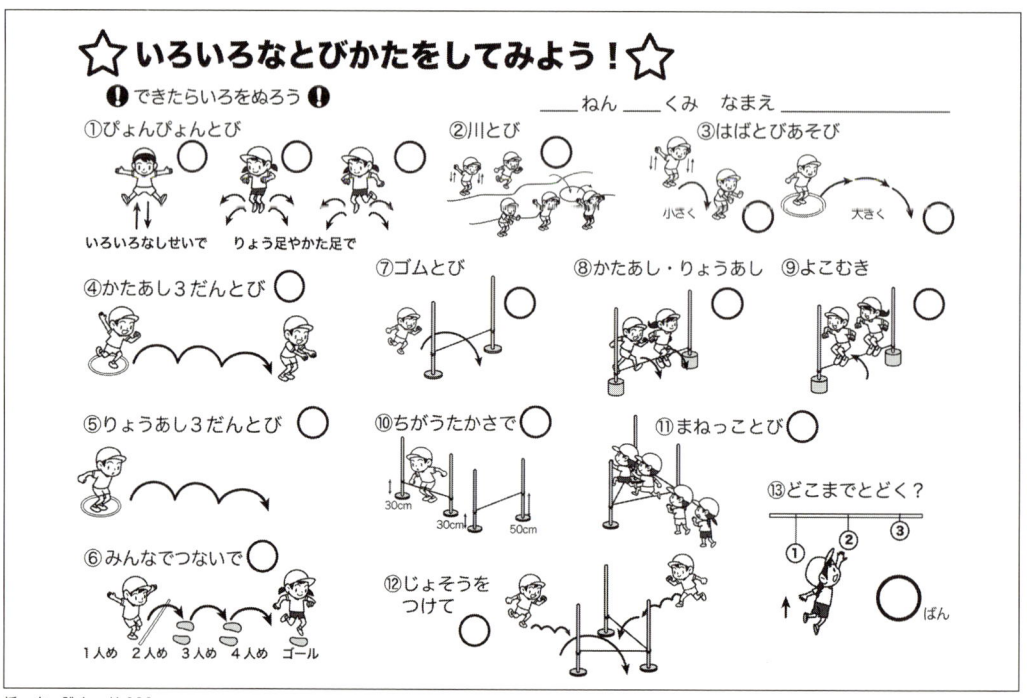

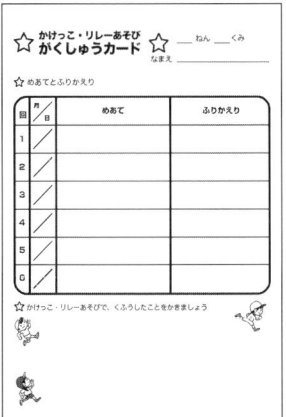

単元全体

低 - 走・跳カード 003

単元全体

低 - 走・跳カード 004

拡大して掲示して、子どもが走るめあてをもてるようにします。

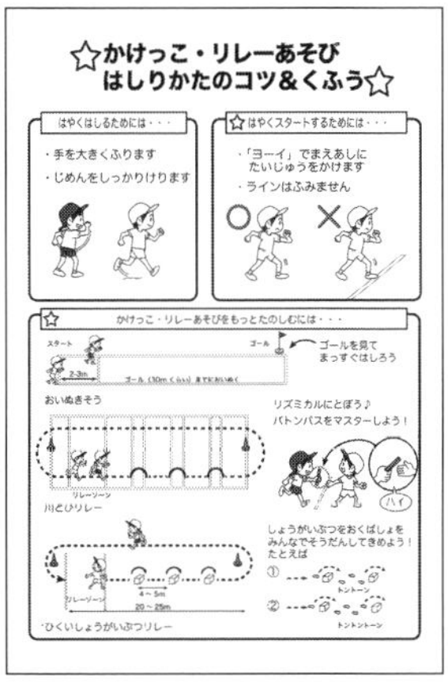

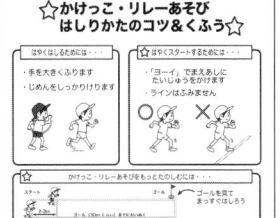

低 - 走・跳カード 005

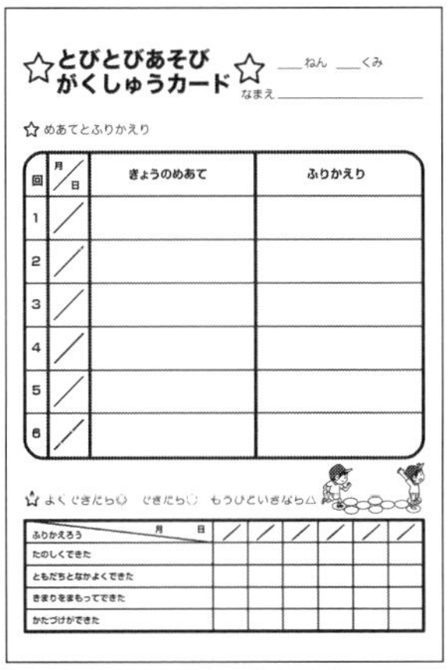

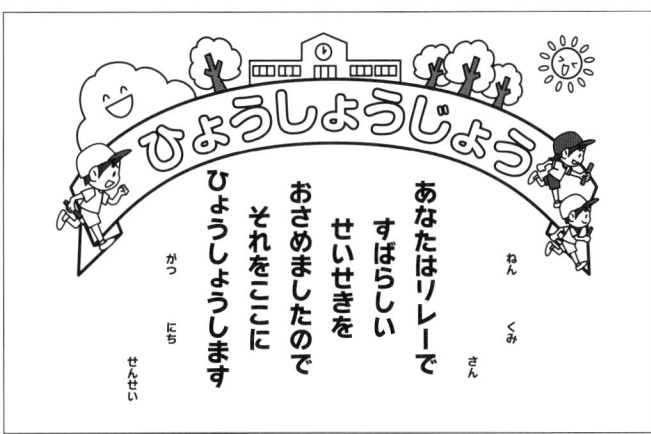

低 - 走・跳カード 006 Ⓦ

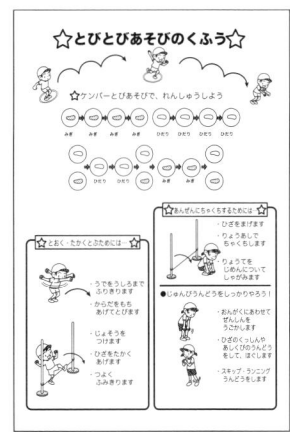

低 - 走・跳カード 007

低 - 走・跳カード 008 Ⓦ

低 - 走・跳カード 009

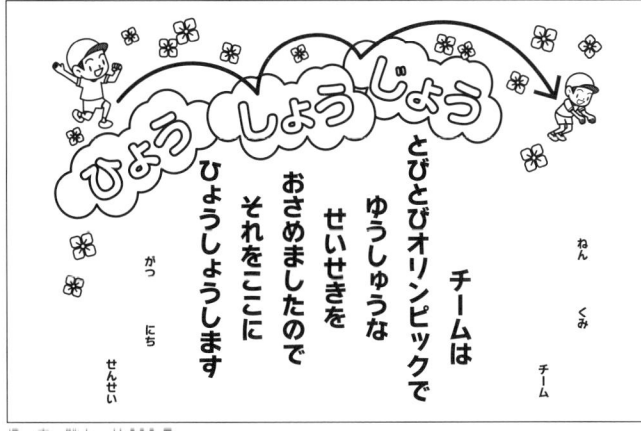

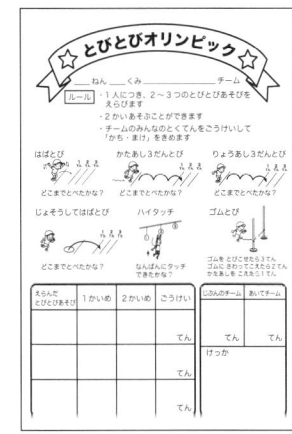

水遊び①   学年

水に慣れる遊び

「お池にポチャン」
低 – 水遊び 001

「おんまは走る」
低 – 水遊び 002

「水かけっこ」
低 – 水遊び 003

「タコさん歩き」
低 – 水遊び 004

「カニさんブクブク」
低 – 水遊び 005

「アヒルさん歩き」
低 – 水遊び 006

「ゾウさんパオーン」
低 – 水遊び 007

「手をつないでおさんぽ」
低 – 水遊び 008

「水中リレー」
低 – 水遊び 009

「鬼ごっこ」
低 – 水遊び 010

「電車ごっこ」
低 – 水遊び 011

「トンネルくぐり」
低 – 水遊び 012

「ジャンケングリコ」
低 – 水遊び 013

「ロンドン橋」
低 – 水遊び 014

「リズム水遊び」
低 – 水遊び 015

「水入れ遊び」
低 – 水遊び 016

「なかよしリレー」
低 – 水遊び 017

「手つなぎ鬼」
低 – 水遊び 018

「ジャンケン王様」
低 – 水遊び 019

浮く・もぐる遊び

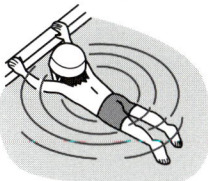
「壁につかまって伏し浮き」
低 - 水遊び 020

「1人でもぐってバブリング」
低 - 水遊び 021

「水中にらめっこ」
低 - 水遊び 022

「水中ジャンケン」
低 - 水遊び 023

「手をつないでもぐる」
低 - 水遊び 024

「クラゲ浮き」
低 - 水遊び 025

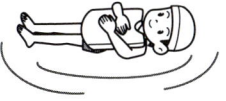
「補助具を使っての浮き①」
低 - 水遊び 026

「補助具を使っての浮き②」
低 - 水遊び 027

「フラフープくぐり①」
低 - 水遊び 028

「フラフープくぐり②」
低 - 水遊び 029

「フラフープくぐり③」
低 - 水遊び 030

「ジャンプでゴー」
低 - 水遊び 031

「島めぐり」
低 - 水遊び 032

「シーソー」
低 - 水遊び 033

「これいくつ？」
低 - 水遊び 034

「水中ブルドーザー」
低 - 水遊び 035

「またくぐり」
低 - 水遊び 036

「宝探し」
低 - 水遊び 037

1 低学年　水遊び

2 中学年

3 高学年

水遊び② 低 中 高 学年

表彰状を通して、子どもたちに水遊びへの意欲を高めます。

低 - 水遊びカード 001

低 - 水遊びカード 002

3・4年で学習する内容につながる動きです。　　　　　単元全体

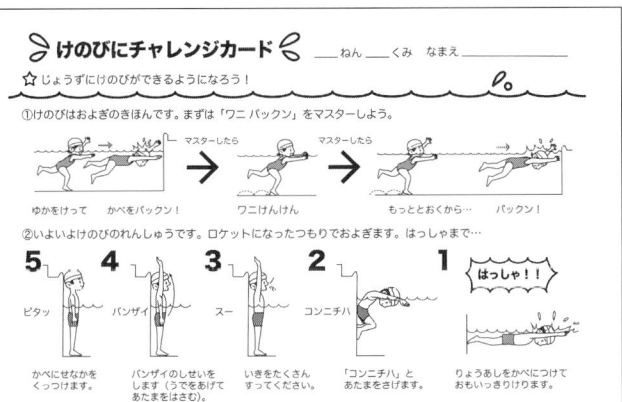

低 - 水遊びカード 003

低 - 水遊びカード 004

低 - 水遊びカード 005　全学年共通

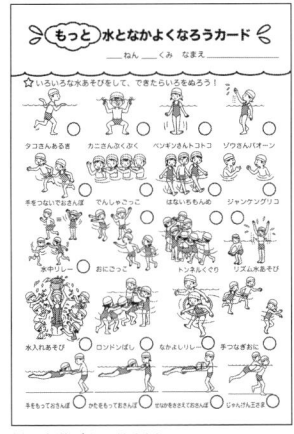

低 - 水遊びカード 006　全学年共通

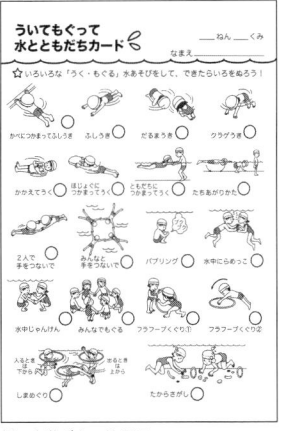

低 - 水遊びカード 007　全学年共通

低 - 水遊びカード 008　　　　低 - 水遊びカード 009　　　　低 - 水遊びカード 010

1 低学年　水遊び

2 中学年

3 高学年

ゲーム① 学年

ボール投げゲーム

コーンをねらって
「コーン当て（近）」
低 - ゲーム 001

「コーン当て（遠）」
低 - ゲーム 002

「点数的当て」
低 - ゲーム 003

ボールをあてて
ダンボールをくずそう
「段ボール当て」
低 - ゲーム 004

「ポートボール台コーン当て」
低 - ゲーム 005

「輪の中を通す」
低 - ゲーム 006

手とはんたいの足を1歩まえに出す　出した足にたいじゅうをうつす　じょうたいをひねってなげる
「ボールの投げ方」
低 - ゲーム 007

「片手でシュート」
低 - ゲーム 008

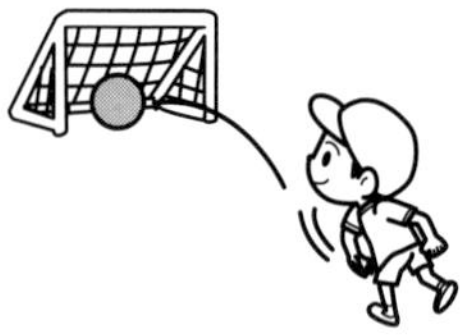

「ころがしてシュート」
低 - ゲーム 009

「バウンドシュート」
低 - ゲーム 010

「隅をねらってシュート」
低 - ゲーム 011

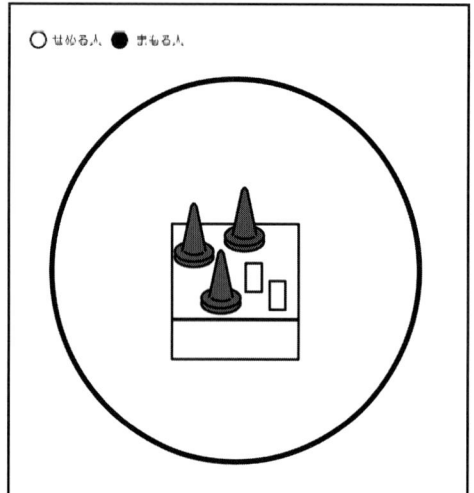
「的当て作戦図①：ボール投げ用」
低 - ゲーム 012

1チーム4人程度。すべての的を落とした方が勝ち。カラーコーンの大きさを変えるなどの工夫もできます。□は段ボールを示しています。

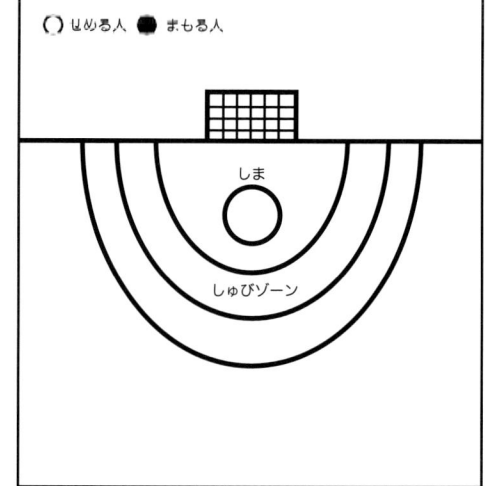
「シュートゲーム作戦図」
低 - ゲーム 013

1チーム3・4人。シュートが入ると1点。ボールは2、3個にします。ボールを持ったら5歩まで歩けます。全員シュートを決めたらボーナス点をあげましょう。

💬 ボールけりゲーム

足のうちがわでける

「ボールけり①」
低 - ゲーム 014

つまさきでける

「ボールけり②」
低 - ゲーム 015

足のこうでける

「ボールけり③」
低 - ゲーム 016

ボールを足でとめる

「ボール止め」
低 - ゲーム 017

「2人でパス」
低 - ゲーム 018

「バランスボール当て」
低 - ゲーム 019

「ペットボトルボーリング」
低 - ゲーム 020

「三角パス」
低 - ゲーム 021

「四角パス」
低 - ゲーム 022

「ドリブル」
低 - ゲーム 023

「なかよしドリブル」
低 - ゲーム 024

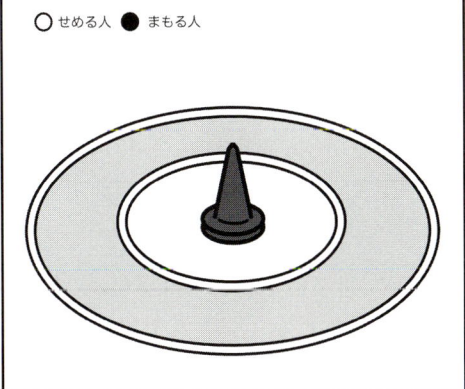
「的当て作戦図②」
低 - ゲーム 025

1チーム4・5人。ボールは1個。3分で攻守を交代します。守りのチームは1人少なくし、余った1人は得点係とします。アミカケのゾーンが守備ゾーンです。的に当たったら1点とします。

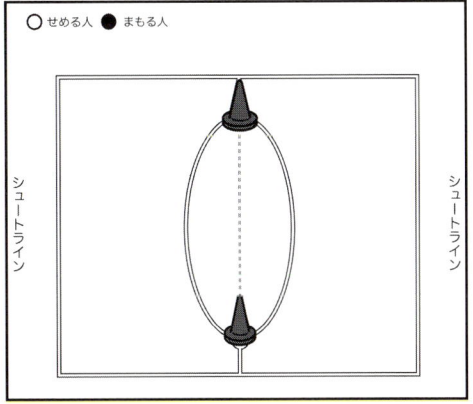
「たまごわりサッカー　作戦図」
低 - ゲーム 026

1チーム4・5人で、3分間行います。ボールは攻めのチームの人数分用意します。必ず片側のシュートラインからけるようにしましょう。コーンのラインをボールが通ったら1点です。

1 低学年　ゲーム

2 中学年

3 高学年

ゲーム②  学年

鬼遊び

「鬼遊び」
低 - ゲーム 027

「ジグザグ」
低 - ゲーム 028

「手つなぎ鬼」
低 - ゲーム 029

「しっぽ取り」
低 - ゲーム 030

「ふやし鬼」
低 - ゲーム 031

「はみでない」
低 - ゲーム 032

「すり抜ける」
低 - ゲーム 033

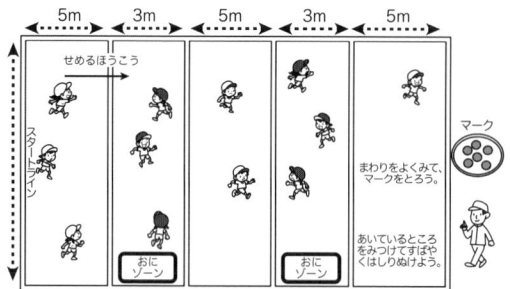

「宝取り鬼」
低 - ゲーム 034

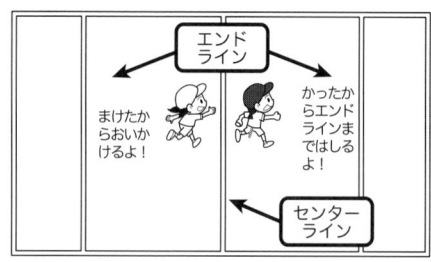

「ジャンケンしっぽ取り」
低 - ゲーム 035

「ネコとネズミ」
低 - ゲーム 036

拡大して掲示したり、子どもたちに配付したりして、ルールをわかりやすく説明します。

単元全体

低 - ゲームカード 001

拡大して活用します

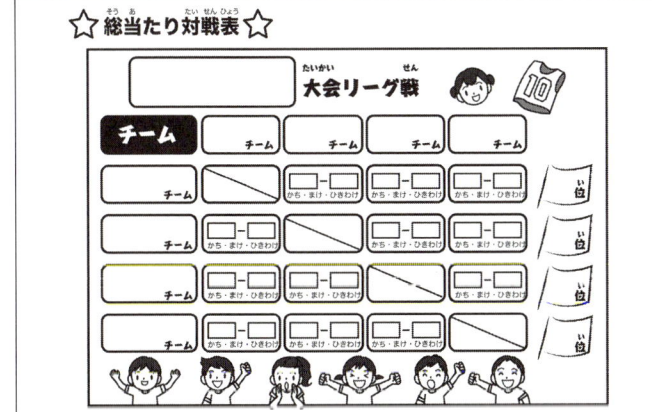

低 ゲ ムカ ド 004

ゲ ム用のリ グ対戦表
は P59 に掲載しています。

低 - ゲームカード 002

低 - ゲームカード 003

低 ゲ ムカ ド 005

1 低学年 ゲーム

2 中学年

3 高学年

33

表現リズム遊び   学年

表現遊び

「ウサギさん」
低 – 表現リズム 001

「ゾウさん」
低 – 表現リズム 002

「ワニさん」
低 – 表現リズム 003

「飛行機」
低 – 表現リズム 004

たいへん！まほうをかけられた！

へんしんしたどうぶつが石にされた！
「お話づくり」
低 – 表現リズム 005

「体でジャンケン」
低 – 表現リズム 006

リズム遊び

はずむように

「ロック」
低 – 表現リズム 007

まえうしろにゆれて

「サンバ」
低 – 表現リズム 008

おともだちのうごきのまねをします

「ミラーごっこ」
低 – 表現リズム 009

スローモーションのようにおどります

「スローモーション」
低 – 表現リズム 010

はやいうごきでおどります

「はやい動きで」
低 – 表現リズム 011

ほうき
「そうじの動き①」
低 – 表現リズム 012

ぞうきんがけ
「そうじの動き②」
低 – 表現リズム 013

まわる
「色々な音に合わせて①」
低 – 表現リズム 014

からだをゆらす
「色々な音に合わせて②」
低 – 表現リズム 015

スキップ
「色々な音に合わせて③」
低 – 表現リズム 016

ジャンプ
「色々な音に合わせて④」
低 – 表現リズム 017

単元全体

☆ひょうげんあそび がくしゅうカード☆　___ねん ___くみ　なまえ_____

☆めあてとふりかえり

回	がつ/にち	きょうのめあて	くふうしたこと
1	/		
2	/		
3	/		
4	/		
5	/		
6	/		

☆よくできたら◎ できたら○ もうひといきなら△ をつけよう

ふりかえろう	がつ にち	/	/	/	/	/	/
くふうしておどることができた							
ともだちのよいうごきをみつけることができた							
ともだちとなかよくできた							
きまりをまもってあんぜんにできた							

低 - 表現リズムカード 001

☆リズムにあわせて おどろう♪カード☆　___ねん ___くみ　なまえ_____

☆できたらいろをぬろう！

ロック○　サンバ○　ボックス○　ウェーブ○
ツイスト○　ヒップホップ○　てびょうし○　キック○
ジャンプ○　ランニング○　かたて上下○　りょうて上下○
せなかあわせ○　むかいあい（おなじ）○　むかいあい（はんたい）○　てをつないで○

うえのなかから すきなダンスを3つえらんでオリジナルダンスをつくろう！
えらんだダンス　①_____ ②_____ ③_____
くふうしたところ _____
かんそう _____

低 - 表現リズムカード 002

☆いろいろなものに だいへんしんカード☆　___ねん ___くみ　なまえ_____

☆へんしんできたらいろをぬろう！

ゾウ○　キリン○　ライオン○　ウマ○
サル○　ネコ○　ウサギ○　リス○
ひこうき○　くるま○　ヘリコプター○　ロケット○

☆おはなしをつくってみよう！ _____チーム
へんしんしたもの：
はじめ _____ が _____ で _____ していました。
おわり _____

低 - 表現リズムカード 003

☆○○が○○しているところカード☆

☆「○○が○○しているところ」を はっぴょうしあいます。　___ねん ___くみ　なまえ_____

	が		しているところ
	が		しているところ
	が		しているところ
	が		しているところ
	が		しているところ
	が		しているところ

☆おともだちはどんなことをやっていたのかな？ きづいたことをかこう！

低 - 表現リズムカード 004

1 低学年　表現リズム遊び

2 中学年

3 高学年

One Point Advice 1

いろいろ使える！
イラストデータの活用方法

　本書付属のCD-ROMには多くのイラストデータが収録されています。ここでは、そのイラストのいろいろな活用方法について解説していきます。体育の授業に加え、学級経営、学校行事等、様々な場面で使用してみましょう。

① イラストを拡大して、技能の習得を図る

　本書のイラストデータをA3判に拡大してコピーして、ホワイトボードや壁面などに貼っていきます。運動の場の設定を考える際に、子供の動線に合わせて掲示していくとよいでしょう。動きのコツなどを書き加えておくと、子どもたちは自然とめあてを持って運動に取り組むことでしょう。

拡大して掲示する

② 写真と組み合わせてポスターをつくる

　自分が撮影した写真に、イラストを配置してみましょう。ポスターのような掲示物を簡単につくることができます。特に、体育の場合は、用具の準備・片づけを行うことになります。運動時間を確保するため、迅速に準備・片づけができるようにしましょう。ポスターをつくる際は、「モノ」と「ヒト」を意識すると、バランスのよいポスターをつくることができます。

写真と組み合わせる

③ 学校行事等にも活用する

　運動のイラストですので、体育の授業以外にも活用することができます。運動会でのポスター、招待状。朝の運動タイムでの振り返りカード。中休みでの「遊び紹介」などなど。学校の年間計画に合わせて、イラストを自由に使っていきましょう。右の例を参考に、あなただけのオリジナルアイテムを生み出していきましょう。子どもたちの喜ぶ姿が目に浮かんできますね。

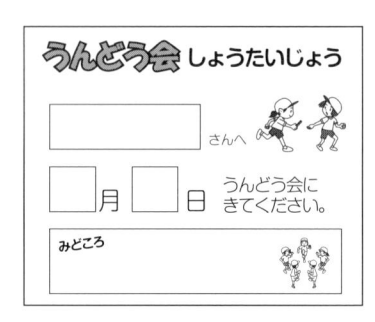

運動会招待状の例（低学年）

2 中学年で使える イラスト＆学習カード

体つくり運動
器械運動
走・跳の運動
浮く・泳ぐ運動
ゲーム
表現運動

体つくり運動① 低 **中** 高 学年

体ほぐしの運動

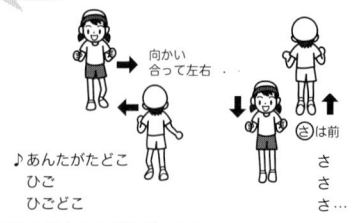

♪あんたがたどこさ
ひご
ひごどこ

向かい合って左右
さは前
ささ さ…

「2人組あんたがたどこさ」
中 – 体つくり運動 001

「子とろ鬼」
中 – 体つくり運動 002

「ストレッチ①」
中 – 体つくり運動 003

「ストレッチ②」
中 – 体つくり運動 004

ゆっくり上に持ち上げる

「ストレッチ③」
中 – 体つくり運動 005

ゆらすよ

「ストレッチ④」
中 – 体つくり運動 006

「風船バレー」
中 – 体つくり運動 007

「大根抜き」
中 – 体つくり運動 008

「フープリレー」
中 – 体つくり運動 009

「ひざにタッチ」
中 – 体つくり運動 010

バランス

「ケンケンずもう」
中 – 体つくり運動 011

「ケンケン鬼ごっこ」
中 – 体つくり運動 012

「棒キャッチ」
中 – 体つくり運動 013

「2人棒キャッチ」
中 – 体つくり運動 014

2人で手をつないでかた足でしゃがむ

立つ

「片足しゃがみ立ち」
中 – 体つくり運動 015

「寝転んで起きる」
中 – 体つくり運動 016

「ジャンプ半回転」
中 - 体つくり運動 017

「ジャンプ 1 回転」
中 - 体つくり運動 018

「平均台わたり①」
中 - 体つくり運動 019

「平均台わたり②」
中 - 体つくり運動 020

「平均台リレー」
中 - 体つくり運動 021

移動

「ジグザグ走」
中 - 体つくり運動 022

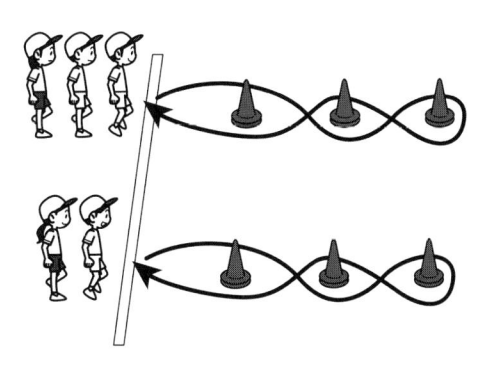

「くねくねリレー」
中 - 体つくり運動 023

「ろくぼくリレー」
中 - 体つくり運動 024

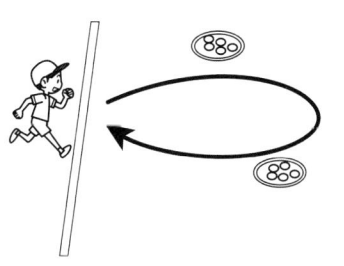

「豆集め」
中 - 体つくり運動 025

2 中学年 体つくり運動

体つくり運動② 低 **中** 高 学年

用具：竹馬、フープ、Gボール

「缶ぽっくり」	「竹馬」	「高い竹馬」	「一輪車」
中－体つくり運動026	中－体つくり運動027	中－体つくり運動028	中－体つくり運動029

「フープキャッチ」	「フープくぐり」	「1回転キャッチ」	「1回転キャッチ（コーン）」
中－体つくり運動030	中－体つくり運動031	中－体つくり運動032	中－体つくり運動033

「風船運び（新聞紙）」	「風船運び（頭を使って）」	「ボールはさみ跳び」	「2人跳び（友達のなわを持って）」
中－体つくり運動034	中－体つくり運動035	中－体つくり運動036	中－体つくり運動037

「Gボールのり」	「片足上げ」	「両足上げ」	「ひざのり」
中－体つくり運動038	中－体つくり運動039	中－体つくり運動040	中－体つくり運動041

「犬のり」	「はずむ」	「背中でころがる」	「おなかでころがる」
中－体つくり運動042	中－体つくり運動043	中－体つくり運動044	中－体つくり運動045

力試し

「バランス崩し」
中 - 体つくり運動 046

「おんぶジャンケン」
中 - 体つくり運動 047

「おしくらまんじゅう」
中 - 体つくり運動 048

「運びっこ①」
中 - 体つくり運動 049

「運びっこ②」
中 - 体つくり運動 050

「運びっこ③」
中 - 体つくり運動 051

「タオル引き」
中 - 体つくり運動 052

「三方向つな引き」
中 - 体つくり運動 053

組み合わせ

「走りながら短なわ」
中 - 体つくり運動 054

「走ってキャッチ」
中 - 体つくり運動 055

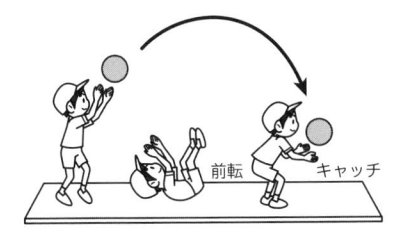

「前転してキャッチ」
中 - 体つくり運動 056

「平均台フラフープ」
中 - 体つくり運動 057

「平均台ボールわたり」
中 - 体つくり運動 058

「平均台両手フラフープ」
中 - 体つくり運動 059

2 中学年 体つくり運動

体つくり運動③ 低 【中】 高 学年

子どもたちが、Gボールで危険な遊びをしないよう、安全面に注意しましょう。

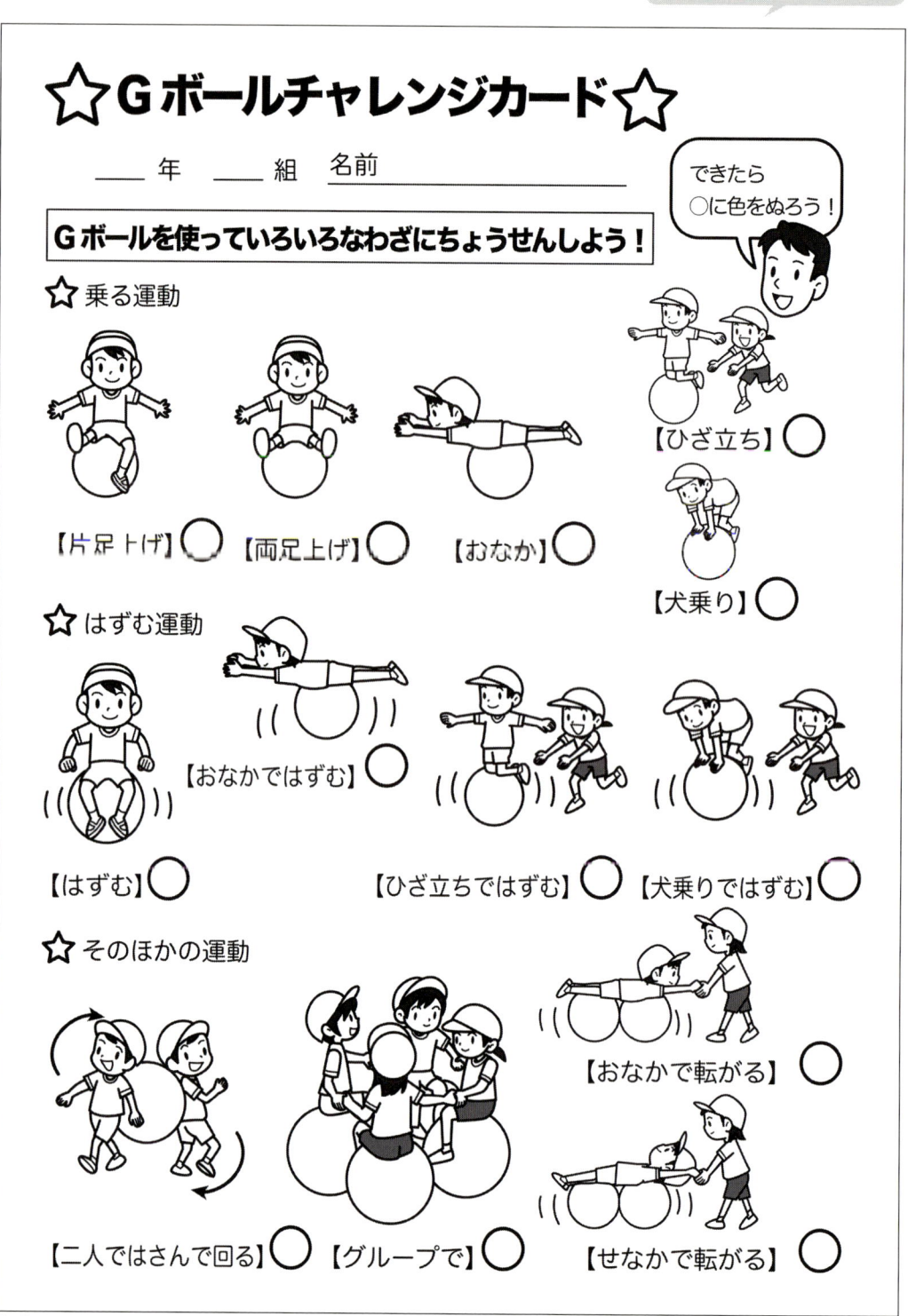

☆Gボールチャレンジカード☆

___年 ___組 名前_____

できたら○に色をぬろう！

Gボールを使っていろいろなわざにちょうせんしよう！

☆ 乗る運動

【片足上げ】○　【両足上げ】○　【おなか】○　【ひざ立ち】○　【犬乗り】○

☆ はずむ運動

【はずむ】○　【おなかではずむ】○　【ひざ立ちではずむ】○　【犬乗りではずむ】○

☆ そのほかの運動

【二人ではさんで回る】○　【グループで】○　【おなかで転がる】○　【せなかで転がる】○

中-体つくり運動カード001

43

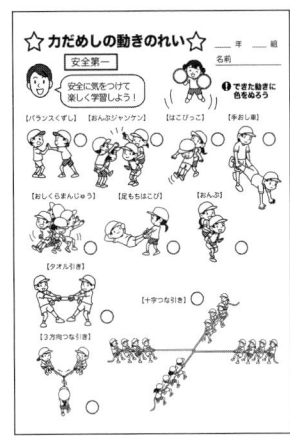

器械運動① 低 **中** 高 学年

マット

「カエルの足打ち」
中 - 器械運動 001

「カエルの逆立ち」
中 - 器械運動 002

「壁倒立」
中 - 器械運動 003

「補助倒立」
中 - 器械運動 004

「腕立て横跳び越し」
中 - 器械運動 005

おしりを高く上げる　あごを引き後頭部から回る　かかとをおしりにすばやくつける

「前転」
中 - 器械運動 006

あごを引く　おしりを遠くにつく　うでをのばしておき上がる

「後転」
中 - 器械運動 007

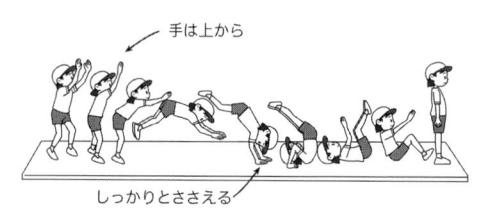

手は上から
しっかりとささえる

「跳び前転」
中 - 器械運動 008

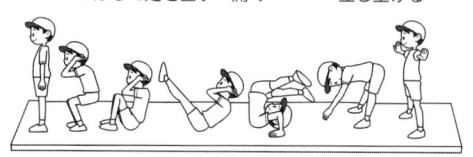

つま先をのばして足を回す　足を大きく開く　ひざをのばして立ち上げる

「開脚後転」
中 - 器械運動 009

鉄　棒

「ブタのまるやき」
中 - 器械運動 010

「けんすい振り」
中 - 器械運動 011

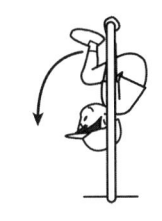

「足ぬき回り」
中 - 器械運動 012

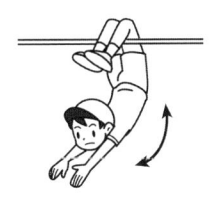

「コウモリ振り」
中 - 器械運動 013

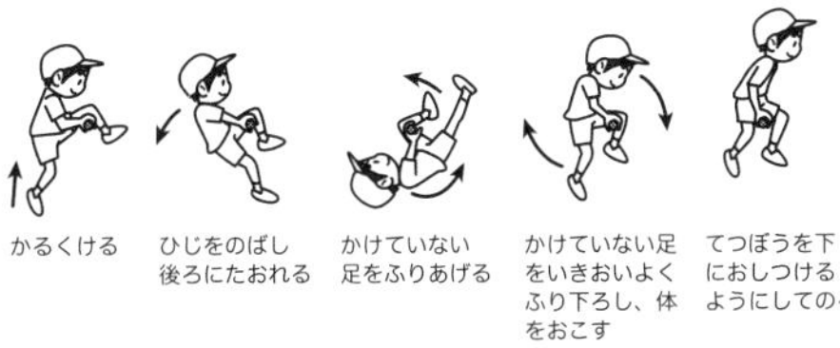

かるくける　ひじをのばし後ろにたおれる　かけていない足をふりあげる　かけていない足をいきおいよくふり下ろし、体をおこす　てつぼうを下におしつけるようにしてのる

「膝かけ振り上がり」
中 - 器械運動 014

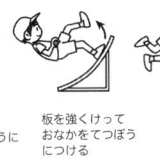

板をかけあがるように　板を強くけっておなかをてつぼうにつける　頭を上にもちあげる　体をおこす

「補助逆上がり」
中 - 器械運動 015

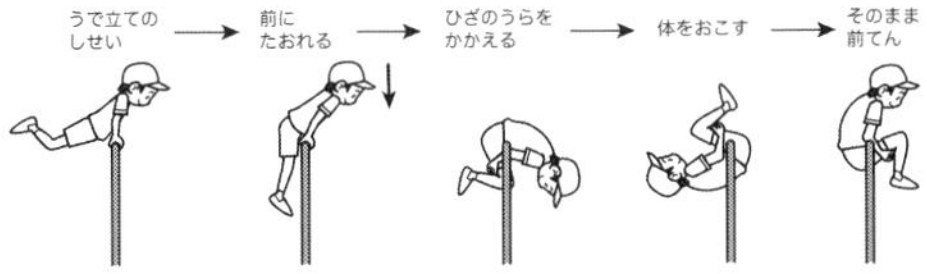

うで立てのしせい　前にたおれる　ひざのうらをかかえる　体をおこす　そのまま前てん

「かかえ込み回り」
中 - 器械運動 016

ひざをまげる　しずかにゆっくり回って下りる

「前回り下り」
中 - 器械運動 017

「転向前下り」
中 - 器械運動 018

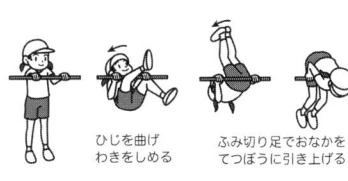

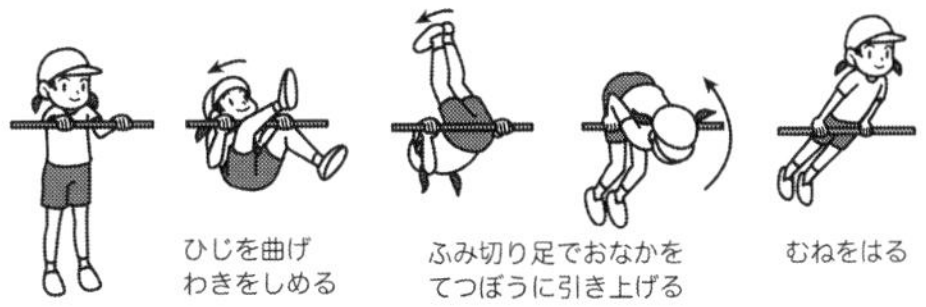

ひじを曲げわきをしめる　ふみ切り足でおなかをてつぼうに引き上げる　むねをはる

「逆上がり」
中 - 器械運動 019

かるく足を前に　むねをはり大きく前に　ひじをのばす　手首を返す

「前方支持回転」
中 - 器械運動 020

足首を前方にふりこむ　す早く手首を返して上体をおこす

「後方支持回転」
中 - 器械運動 021

1　低学年

2　中学年　器械運動

3　高学年

器械運動② 低 **中** 高 学年

跳び箱

「開脚跳び」
中 - 器械運動 022

「大きな開脚跳び」
中 - 器械運動 023

「台上前転」
中 - 器械運動 024

「大きな台上前転」
中 - 器械運動 025

「かかえ込み跳び」
中 - 器械運動 026

単元全体：マット

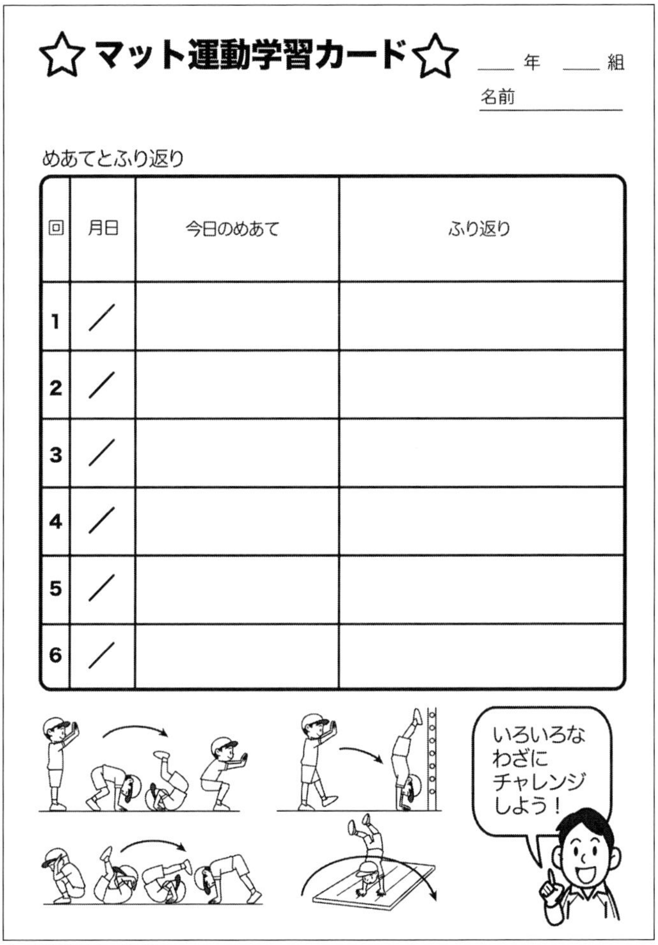

☆マット運動学習カード☆ ＿＿年＿＿組
名前＿＿＿＿＿

めあてとふり返り

回	月日	今日のめあて	ふり返り
1	/		
2	/		
3	/		
4	/		
5	/		
6	/		

いろいろなわざにチャレンジしよう！

中‐器械運動カード 001

単元全体：鉄棒

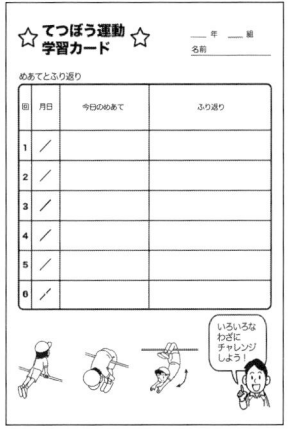

てつぼう運動学習カード ＿＿年＿＿組 名前＿＿＿

めあてとふり返り

回	月日	今日のめあて	ふり返り
1	/		
2	/		
3	/		
4	/		
5	/		
6	/		

いろいろなわざにチャレンジしよう！

中‐器械運動カード 002

単元全体：跳び箱

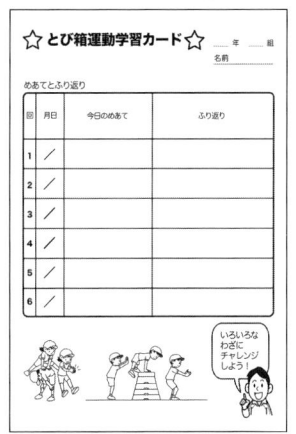

☆とび箱運動学習カード☆ ＿＿年＿＿組 名前＿＿＿

めあてとふり返り

回	月日	今日のめあて	ふり返り
1	/		
2	/		
3	/		
4	/		
5	/		
6	/		

いろいろなわざにチャレンジしよう！

中‐器械運動カード 003

☆マット運動動きのコツ☆ ＿＿年＿＿組 名前＿＿＿
下の絵を見て、じょうずにできるようになろう！
友だちの動きを見て、気づいたことを書いておこう！

☆前転
☆後転
☆開きゃく前転　☆開きゃく後転

☆友だちの動きを見て気づいたこと

中‐器械運動カード 004

☆てつぼう運動動きのコツ☆ ＿＿年＿＿組 名前＿＿＿
下の絵を見て、じょうずにできるようになろう！
友だちの動きを見て、気づいたことを書いておこう！

☆ほじょさか上がり
☆さか上がり
☆前方し持回転　☆後方し持回転

☆友だちの動きを見て気づいたこと

中‐器械運動カード 005

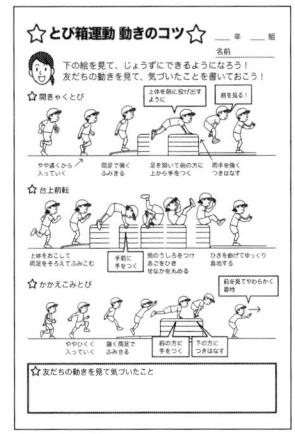

☆とび箱運動 動きのコツ☆ ＿＿年＿＿組 名前＿＿＿
下の絵を見て、じょうずにできるようになろう！
友だちの動きを見て、気づいたことを書いておこう！

☆開きゃくとび
☆台上前転
☆かかえこみとび

☆友だちの動きを見て気づいたこと

中‐器械運動カード 006

1 低学年

2 中学年　器械運動

3 高学年

走・跳の運動① 低 **中** 高 学年

かけっこ・リレー

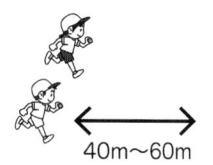

「40〜60m のかけっこ」
中 - 走・跳 001

「バトンパス」
中 - 走・跳 002

すわりスタート　うしろむきスタート　うつぶせスタート
「色々な姿勢からのスタート」
中 - 走・跳 003

前後に大きくふる
「腕の振り方」
中 - 走・跳 004

前を見て体はななめ
「走るときの姿勢」
中 - 走・跳 005

テークオーバーゾーン
「周回リレー」
中 - 走・跳 006

小型ハードル走

とびこえたりくぐったり
「小型ハードル走の準備運動」
中 - 走・跳 007

「小型ハードル越え」
中 - 走・跳 008

「小型ハードル越え（3つ）」
中 - 走・跳 009

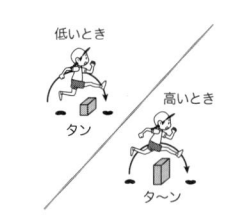

低いとき　タン
高いとき　タ〜ン
「音に合わせて越える」
中 - 走・跳 010

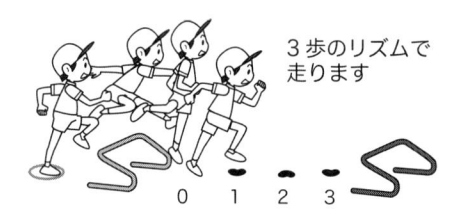

3歩のリズムで走ります
「3歩のリズムで跳ぶ」
中 - 走・跳 011

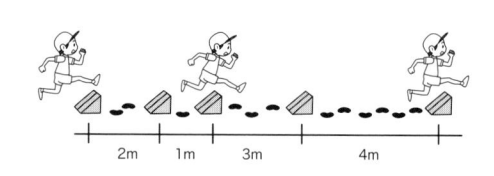

2m　1m　3m　4m
「色々なインターバルを色々なリズムで」
中 - 走・跳 012

「一定のリズムで跳ぶ」
中 - 走・跳 013

「色々な障害物を跳び越える」
中 - 走・跳 014

幅跳び

「助走の練習」
中-走・跳015

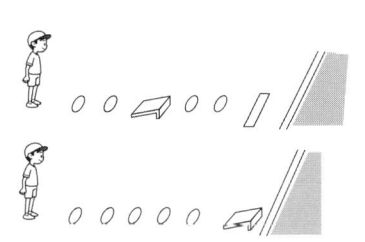

「色々な助走の練習」
中-走・跳016

ひざをやわらかく曲げます
「正しい着地」
中-走・跳017

「3歩助走幅跳び」
中-走・跳018

つよくふみ切る
5〜10m
ななめにとぶ!
「短かい助走から踏み切る」
中-走・跳019

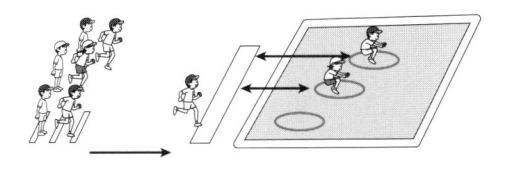

「輪をねらって跳ぶ」
中-走・跳020

「高跳びの準備運動」
中-走・跳021

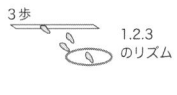

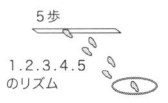

3歩 1.2.3のリズム
5歩 1.2.3.4.5のリズム
「リズムをとっての助走」
中-走・跳022

高跳び

ふみきり板
1歩 2歩
「ゴムと踏み切り板で練習」
中-走・跳023

1歩 2歩 3歩
「踏み切り板と跳び箱で練習」
中-走・跳024

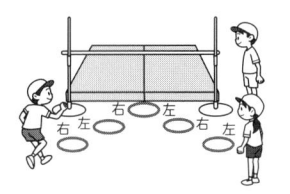

右 左 右 左
「3歩助走」
中-走・跳025

ふみ切り足
「跳ぶときのポイント」
中-走・跳026

ひざをやわらかく曲げて足から着地しよう!
「着地の仕方」
中-走・跳027

2 中学年 走・跳の運動

走・跳の運動② 低 ●中 高 学年

> 助人しし掲示しし、子どもが跳ぶポイントを意識できるようにしましょう。

☆はばとびたっせいカード☆

☆ はばとびのポイントをおさえましょう

助走 → ふみ切り → 空中しせい → 着地

(5～10m)

目線はたかく！

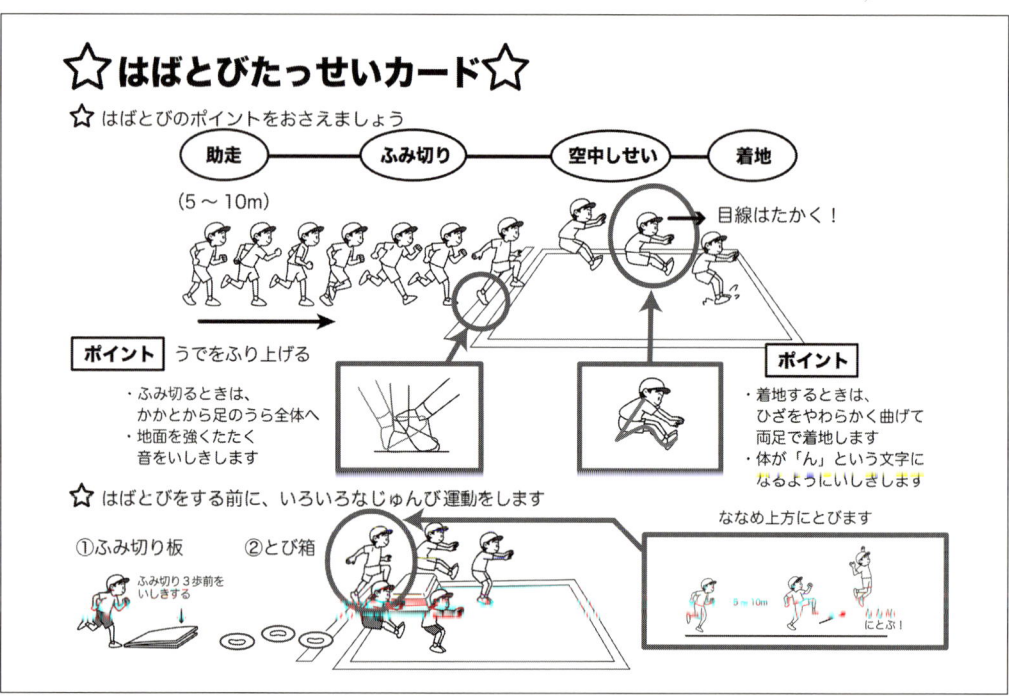

ポイント うでをふり上げる
・ふみ切るときは、かかとから足のうら全体へ
・地面を強くたたく音をいしきします

ポイント
・着地するときは、ひざをやわらかく曲げて両足で着地します
・体が「ん」という文字になるようにいしきします

ななめ上方にとびます

☆ はばとびをする前に、いろいろなじゅんび運動をします

①ふみ切り板
ふみ切り3歩前をいしきする

②とび箱

中-走・跳カード001

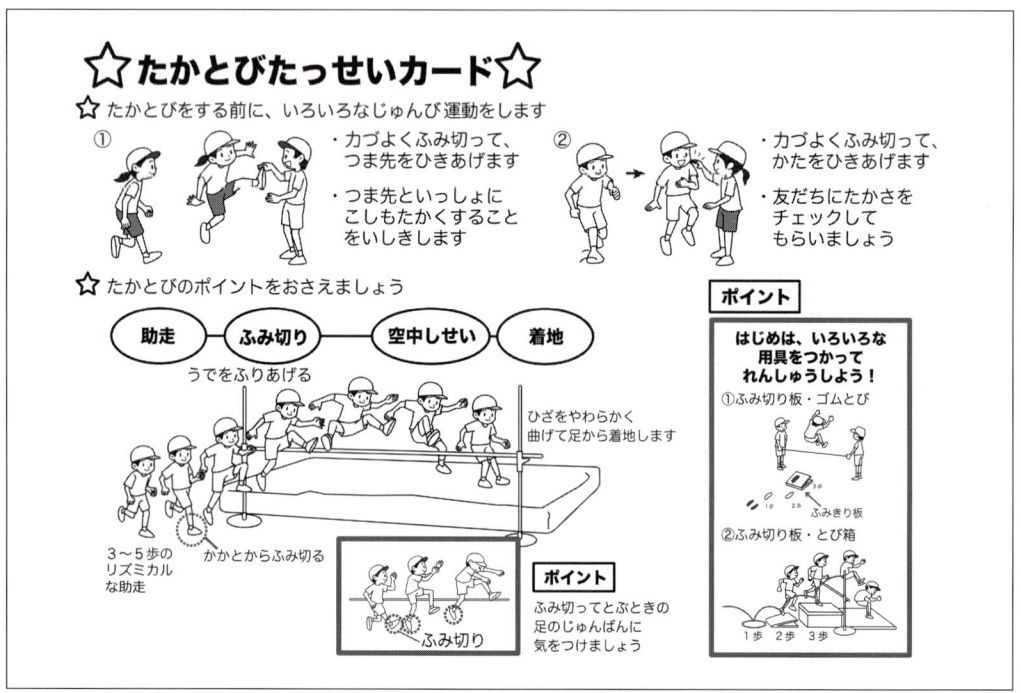

☆たかとびたっせいカード☆

☆ たかとびをする前に、いろいろなじゅんび運動をします

① ・力づよくふみ切って、つま先をひきあげます
・つま先といっしょにこしもたかくすることをいしきします

② ・力づよくふみ切って、かたをひきあげます
・友だちにたかさをチェックしてもらいましょう

☆ たかとびのポイントをおさえましょう

助走 → ふみ切り → 空中しせい → 着地

うでをふりあげる
ひざをやわらかく曲げて足から着地します

3～5歩のリズミカルな助走
かかとからふみ切る

ポイント
ふみ切ってとぶときの足のじゅんばんに気をつけましょう
ふみ切り

ポイント
はじめは、いろいろな用具をつかってれんしゅうしよう！
①ふみ切り板・ゴムとび
ふみきり板
②ふみ切り板・とび箱
1歩 2歩 3歩

中-走・跳カード002

単元全体

中 - 走・跳カード 003

中 - 走・跳カード 004

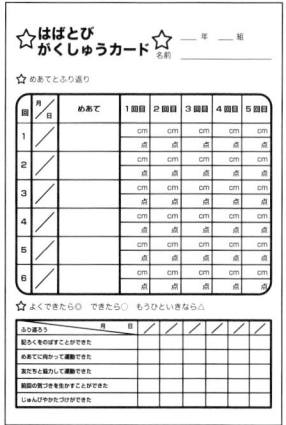

中 - 走・跳カード 005

中 - 走・跳カード 006

中 - 走・跳カード 007

中 - 走・跳カード 008

得点の計算を全員がわかるよう、
拡大して掲示しましょう。

1 低学年

2 中学年　走・跳の運動

3 高学年

浮く・泳ぐ運動① 低 **中** 高 学年

浮く運動

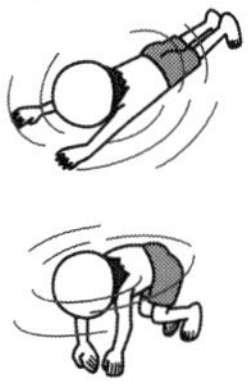

「伏し浮きとクラゲ浮き」
中 – 浮く・泳ぐ運動 001

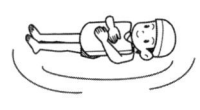

「ラッコ浮き」
中 – 浮く・泳ぐ運動 002

「けのび」
中 – 浮く・泳ぐ運動 003

泳ぐ運動

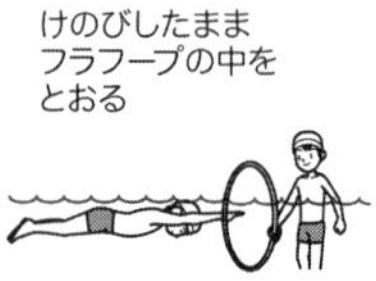

けのびしたまま
フラフープの中を
とおる

「フープくぐり（けのび）」
中 – 浮く・泳ぐ運動 004

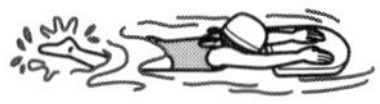

「ビート板キック」
中 – 浮く・泳ぐ運動 005

かべにつかまって

「ばた足練習」
中 – 浮く・泳ぐ運動 006

「ばた足」
中 – 浮く・泳ぐ運動 007

「面かぶりクロールの練習（ビート板）」
中 – 浮く・泳ぐ運動 008

「面かぶりクロール」
中 – 浮く・泳ぐ運動 009

ウーン　パッ　のリズムで

「息つぎの練習（かべにつかまって）」
中 – 浮く・泳ぐ運動 010

水中で歩きながら「ウーン」「パッ」

「息つぎの練習（歩きながら）」
中 – 浮く・泳ぐ運動 011

パッ（こきゅう）

「クロールの流れ」
中 – 浮く・泳ぐ運動 012

かべにつかまって　　　　プールサイドにすわって

「足けりの練習」
中 – 浮く・泳ぐ運動 013

「足けりの練習（プールサイドに座って）」
中 – 浮く・泳ぐ運動 014

「ビート板かえる足」
中 – 浮く・泳ぐ運動 015

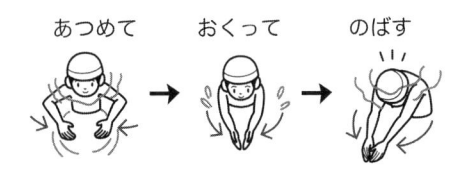

あつめて　おくって　のばす

「手のかきの練習」
中 – 浮く・泳ぐ運動 016

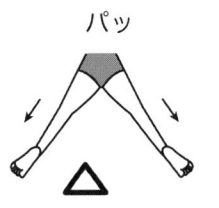

「かえる足（わるい例）」
中 – 浮く・泳ぐ運動 017

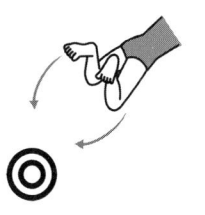

「かえる足（良い例）」
中 – 浮く・泳ぐ運動 018

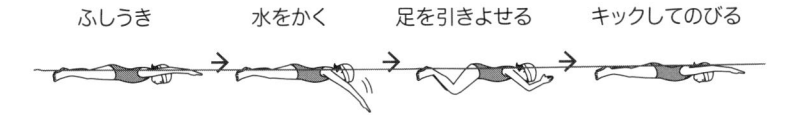

ふしうき　水をかく　足を引きよせる　キックしてのびる

「面かぶり平泳ぎ」
中 – 浮く・泳ぐ運動 019

「平泳ぎの息つぎ①」
中 – 浮く・泳ぐ運動 020

スー　パッ　立つ

「平泳ぎの息つぎ②」
中 – 浮く・泳ぐ運動 021

「平泳ぎの息つぎ③」
中 – 浮く・泳ぐ運動 022

「ビート板の持ち方」
中 – 浮く・泳ぐ運動 023

スーッ　パッ　ポン　スーッ

「平泳ぎの流れ」
中 – 浮く・泳ぐ運動 024

1 低学年

2 中学年　浮く・泳ぐ運動

3 高学年

浮く・泳ぐ運動②　低 **中** 高 学年

泳いだタイムで優劣をつけてはいけません。

めざせ１級！マイ級カード　___年___組_____

級	うごきの内容	できた日
1	クロールと平泳ぎで５０メートル泳げる	／
2	クロールと平泳ぎで２５メートル泳げる	／
3	平泳ぎで２５メートル泳げる	／
4	クロールで２５メートル泳げる	／
5	クロールと平泳ぎで１５メートル泳げる	／
6	面かぶりクロール、面かぶり平泳ぎができる	／
7	クロールの手かき、平泳ぎの手かきができる	／
8	ビート板キック、せうきからバタ足ができる	／
9	けのび、けのびから立つ、もぐってからけのびができる	／
10	ふしうき、くらげうき、などのいろいろなうき方ができる	／

中‐浮く・泳ぐ運動カード001

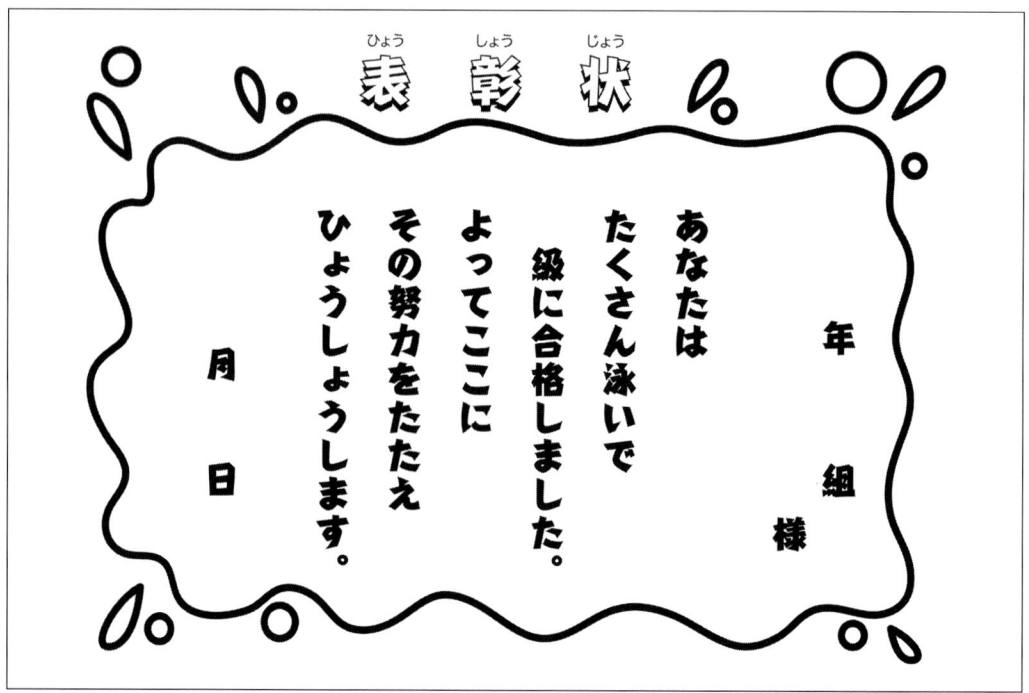

表彰状

　　　　　　　　　　　　　年　組　様

あなたは
たくさん泳いで
級に合格しました。
よってここに
その努力をたたえ
ひょうしょうします。

月　日

中‐浮く・泳ぐ運動カード002

表彰状を通して、子どもたちに泳ぐ意欲を育みましょう。

単元全体

☆ういて泳ごう☆ 学習カード

___年 ___組 名前 _____

☆ めあてとふり返り

回	月/日	めあて	ふり返り
1	/		
2	/		
3	/		
4	/		
5	/		
6	/		
7	/		
8	/		
9	/		

☆ できるようになったものに、日付を書きます

色々なうき方	/	クロール息つぎ	/	背うき	/
面かぶりクロール	/	平泳ぎ息つぎ	/	クロール	/
面かぶり平泳ぎ	/	ビート板かえる足	/	平泳ぎ	/

中-浮く・泳ぐ運動カード 003

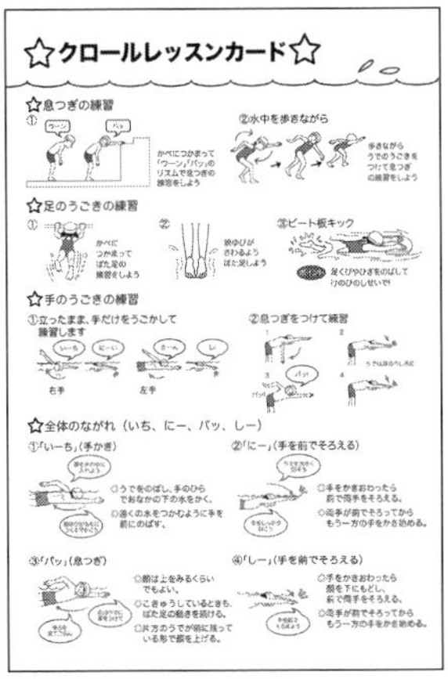

☆クロールレッスンカード☆

中-浮く・泳ぐ運動カード 004

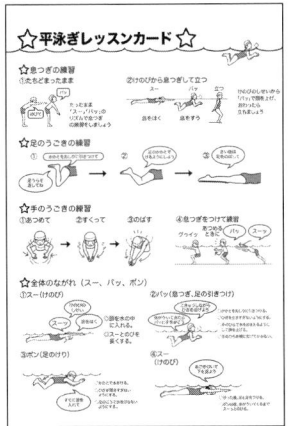

☆平泳ぎレッスンカード☆

中-浮く・泳ぐ運動カード 005

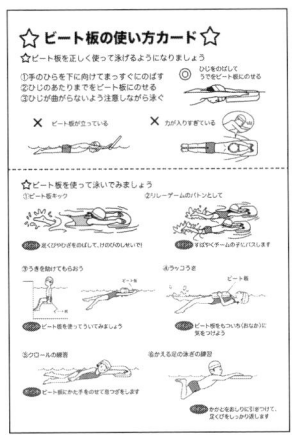

☆ビート板の使い方カード☆

中-浮く・泳ぐ運動カード 006

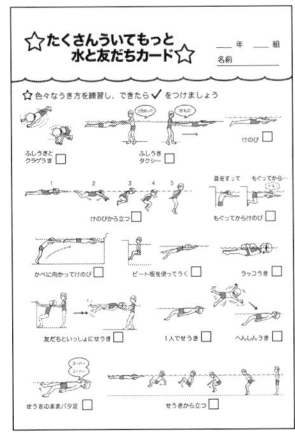

☆たくさんういてもっと水と友だちカード☆

中-浮く・泳ぐ運動カード 007

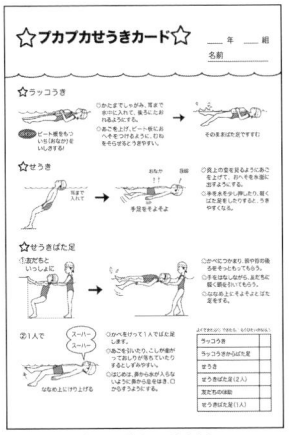

☆プカプカせうきカード☆

中-浮く・泳ぐ運動カード 008

1 低学年
2 中学年 浮く・泳ぐ運動
3 高学年

ゲーム① 低 **中** 高 学年

ハンドボール

「パス練習①」
中 - ゲーム 001

「パス練習②」
中 - ゲーム 002

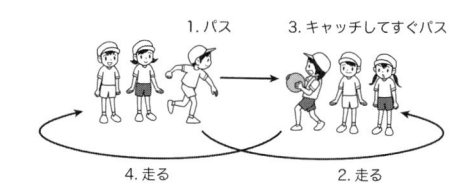

「パス練習③」
中 - ゲーム 003

「シュート練習」
中 - ゲーム 004

「パス・シュート練習」
中 - ゲーム 005

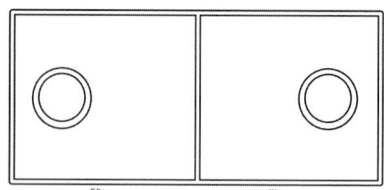

（こうげき側コート3人）（しゅび側コート2人）

「ハンドボール作戦図」
中 - ゲーム 006

ポートボール

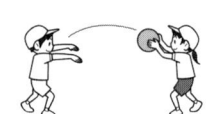

「チェストパス」
中 - ゲーム 007

「バウンドパス」
中 - ゲーム 008

「シュート」
中 - ゲーム 009

「シュート：ディフェンス有」
中 - ゲーム 010

「ドリブル」
中 - ゲーム 011

「ピボット」
中 - ゲーム 012

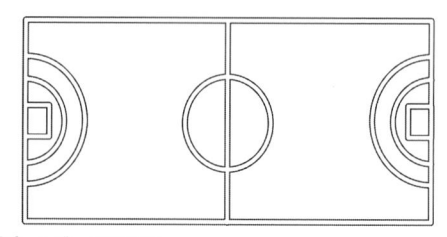

「ポートボール作戦図」
中 - ゲーム 013

サッカー

「ボールをける」
中 - ゲーム 014

「ボールを止める」
中 - ゲーム 015

「ボールレスリング」
中 - ゲーム 016

「ボールキープ」
中 - ゲーム 017

「反則：相手を押す」
中 - ゲーム 018

「反則：足をかける」
中 - ゲーム 019

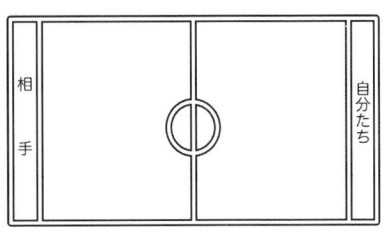

「ラインサッカー作戦図」
中 - ゲーム 020

タグラグビー

「正しいタグの付け方」
中 - ゲーム 021

「タグを取った時の合図」
中 - ゲーム 022

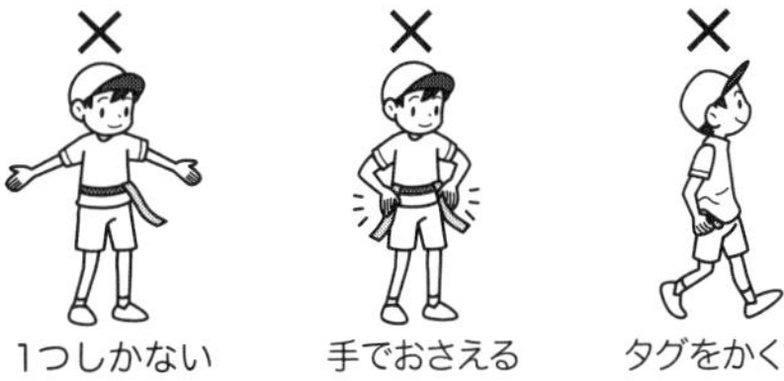

「タグの禁止事項」
中 - ゲーム 023

「ノックオン」
中 - ゲーム 024

「パス練習」
中 - ゲーム 025

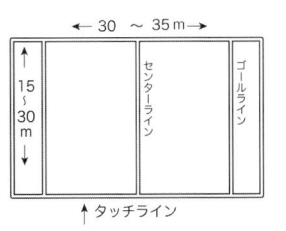

「タグラグビー作戦図」
中 - ゲーム 026

ソフトバレーボール

「壁当てサービス」
中 - ゲーム 027

「トス」
中 - ゲーム 028

「レシーブ」
中 - ゲーム 029

「パスしてキャッチ」
中 - ゲーム 030

「サーブの打ち方」
中 - ゲーム 031

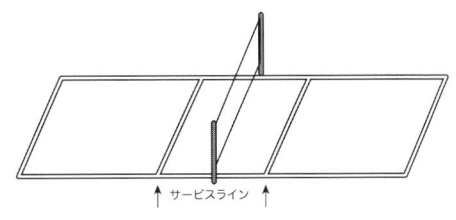

「ソフトバレーボール作戦図」
中 - ゲーム 032

ゲーム② 低 **中** 高 学年

プレルボール

こぶしで打つ
(き本の打ち方)

平手で打つ
(コントロール)

両手で打つ
(安定した打ち方)

「色々な打ち方①」
中 - ゲーム 033

「色々な打ち方②」
中 - ゲーム 034

「色々な打ち方③」
中 - ゲーム 035

「色々な打ち方④」
中 - ゲーム 036

「2人で打つ練習」
中 - ゲーム 037

「2対2の練習」
中 - ゲーム 038

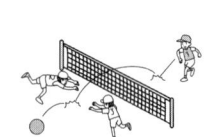

ハンドベースボール

「早いバウンドで攻撃」
中 - ゲーム 039

「レシーブする練習」
中 - ゲーム 040

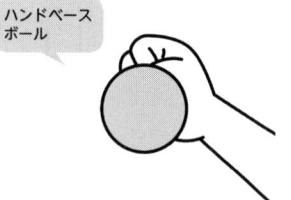

「ボールの打ち方①」
中 - ゲーム 041

「ボールの打ち方②」
中 - ゲーム 042

「ゴロのとり方」
中 - ゲーム 043

「フライのとり方」
中 - ゲーム 044

「投げるフォーム」
中 - ゲーム 045

「ラケットでトスバッティング」
中 - ゲーム 046

「ベースランニング」
中 - ゲーム 047

子どもたちには、チームの一員としての振り返りを書かせましょう。

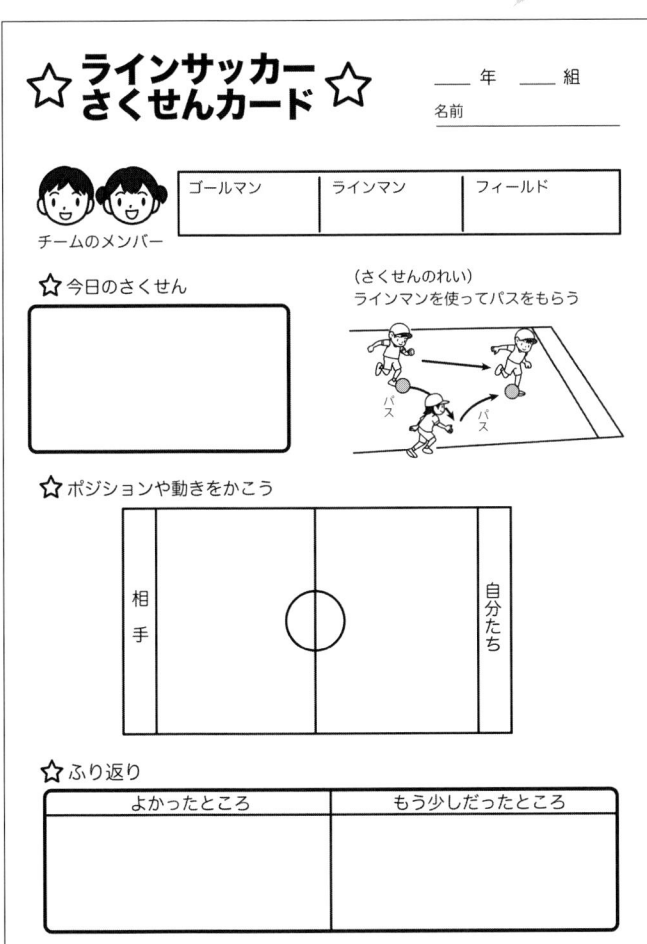

☆ ラインサッカー さくせんカード ☆

___年___組 名前_____

チームのメンバー

| ゴールマン | ラインマン | フィールド |

☆ 今日のさくせん

（さくせんのれい）
ラインマンを使ってパスをもらう

☆ ポジションや動きをかこう

相手 / 自分たち

☆ ふり返り

| よかったところ | もう少しだったところ |

中 - ゲームカード 001

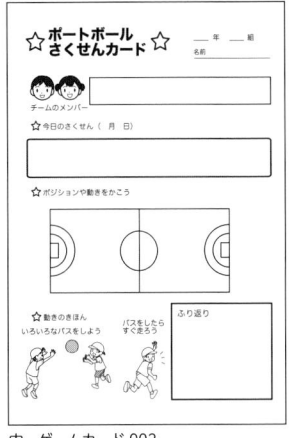

☆ ポートボール さくせんカード ☆

___年___組 名前_____

チームのメンバー

☆ 今日のさくせん（　月　日）

☆ ポジションや動きをかこう

☆ 動きのきほん
いろいろなパスをしよう
パスをしたらすぐ走ろう

ふり返り

中 - ゲームカード 002

☆ ソフトバレーボール ☆ 動きのポイント

___年___組 名前_____

下の絵を見て、じょうずにできるようになろう！
友だちの動きを見て、気づいたことを書いてあげよう！

☆ パスの方法
■高いボールのとき
■低いボールのとき

☆ サーブの方法

☆ パスの練習
2人パスゲーム

☆ サーブの練習
ターゲットサービスゲーム

★ 友だちの動きを見て気づいたこと

中 - ゲームカード 003

拡大して活用します。

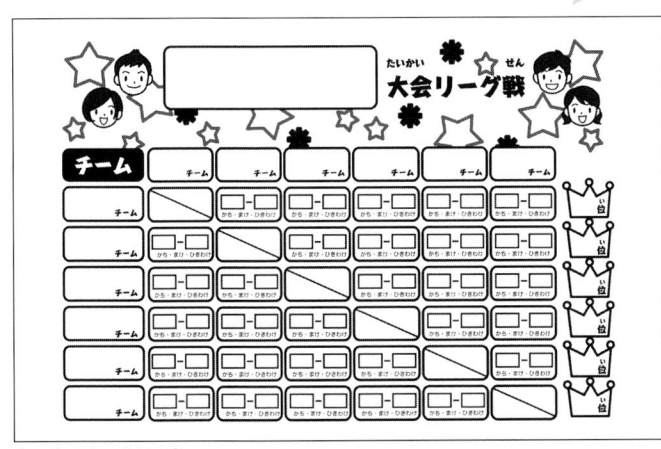

大会リーグ戦

チーム

中 - ゲームカード 004 Ⓦ

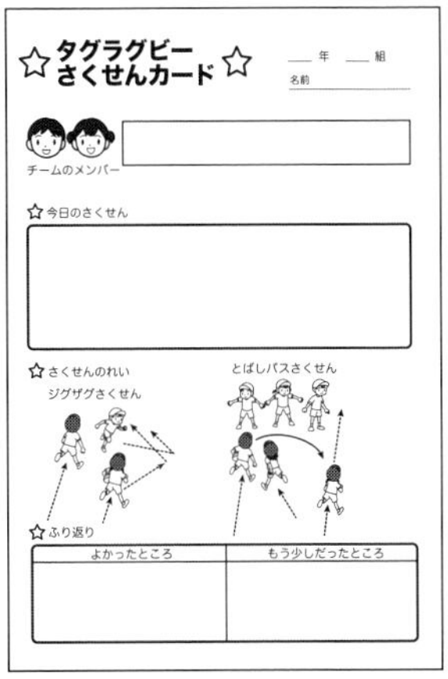

4チーム用のリーグ対戦表は P33 に掲載しています。

☆ タグラグビー さくせんカード ☆

___年___組 名前_____

チームのメンバー

☆ 今日のさくせん

☆ さくせんのれい
ジグザグさくせん
とばしパスさくせん

☆ ふり返り

| よかったところ | もう少しだったところ |

中 - ゲームカード 005

1 低学年

2 中学年　ゲーム

3 高学年

表現運動 低 ● 中 ● 高 学年

「全身を使おう」
中 - 表現運動 001

「大きく・小さく」
中 - 表現運動 002

「ポップコーン」
中 - 表現運動 003

①ポップコーン、小さいマメがはじけてきた！
②パチ！パン！ピチャ！

「海の中（昆布）」
中 - 表現運動 004

「海の中（小魚）」
中 - 表現運動 005

「宇宙（ロケット）」
中 - 表現運動 006

「ロボット」
中 - 表現運動 007

「変身ポーズ」
中 - 表現運動 008

「忍者」
中 - 表現運動 009

①ほふく前進　②しゅりけんシュシュ　③へいをつたわって　④たこにのってとんでいく

「ジグザグ・ターン」
中 - 表現運動 010

「転がる・ジャンプ」
中 - 表現運動 011

「足音・口伴奏（声）・効果音」
中 - 表現運動 012

「手拍子」
中 - 表現運動 013

「みんなで集まる」
中 - 表現運動 014

「両足そろえて・スキップ」
中 - 表現運動 015

「内向き・外向き」
中 - 表現運動 016

☆リズムダンス学習カード☆

単元全体

___年 ___組
名前 _____

☆ めあてとふり返り

回	月/日	今日のめあて	ふり返り
1	/		
2	/		
3	/		
4	/		
5	/		
6	/		

☆ 友だちのダンスのよかったところを書きましょう

月日	友だちの名前	よかったところ
/		
/		
/		
/		

中-表現運動カード001

☆表現／おはなしづくり学習カード☆

単元全体

___年 ___組
名前 _____

☆ めあてとふり返り

回	月/日	今日のめあて	ふり返り
1	/		
2	/		
3	/		
4	/		
5	/		
6	/		

☆ よくできたら◎　できたら○　もうひといきなら△　を書きましょう

	月　日	/	/	/	/	/	/
友だちと協力して表現することができた							
友だちの表現の良いところを見つけられた							
色々な動きをとり入れることができた							
おはなしの「はじめ」と「おわり」をいしきできた							
今日のめあてをたっせいできた							

中-表現運動カード002

☆オリジナルストーリー台本カード☆

___年 ___組
名前 _____

☆ 「はじめ」のシーン

役名	いつ	どこで	何をしている？	シーンイラスト

☆ 「おわり」のシーン

役名	何がおこって	どうなった？	シーンイラスト

中-表現運動カード003

☆リズムダンスうごきのヒントカード☆

___年 ___組
名前 _____

☆ダンスをするときにとり入れたうごきに✓をつけましょう

全身をつかおう！（めせん・ゆびさき・ひじ・ひざ・つまさき）
- □ 大きく・小さく
- □ はやく・ゆっくり
- □ ジグザグ・ターン
- □ コロコロ・ジャンプ
- □ 強く・弱く・やさしく
- □ 足音・声・こうか音

はずむように
- □ ロック（後打ち・弱起のリズム アフタービート。はずむように。）
- □ サンバ（まえとうし3にゆれて）

- □ ボックス
- □ ツイスト
- □ ヒップホップ（「ウンタッタ」のリズム。強弱をぎゃくてんさせたり、変かさせたりする）
- □ 手びょうし

- □ ひろがる
- □ あつまる
- □ クロス
- □ チェンジ

中-表現運動カード004

2 中学年　表現運動

One Point Advice 2

いろいろ使える！
学習カードの活用方法

　ここでは、学習カードを活用し、子どもたち一人一人の成長を見取るための裏技を紹介します。その鍵は、子どもなら誰もが持っている「ノート」です。1年間を通した、子どもたちの運動の記録、思考や感想を、体育の評価に生かしていきましょう。

① 体育の最初の授業でノートを用意する

　新学期の始まりに合わせ、保護者の協力を得て、子どもたち一人一人に、体育専用のノートを用意します。そこには、①授業で使う学習カードを貼ること、②自分ができるようになったこと、苦手だと思うことなど、気づいたことを書くこと、③友達の良かった点などを書くこと、以上の3つを伝えておきます。授業後だけでは、書ききれないこともありますので、休み時間や家庭でも記入してよいことにします。

指導と評価を一体としてとらえる

② 単元の終わり・学期末に提出させる

　単元が終わった段階で、ノートを提出させます。ノートの最後のページにひと言メッセージを添えていきます。また、記述の中で、子どもの意欲が高まっていたり、よく考えている箇所には花まるを付けるなどしましょう。全員を見取るので、効率的な方法を考えていきましょう。学期末にも提出させ、体育の評価に生かしていきます。

チームで、ノートに振り返る

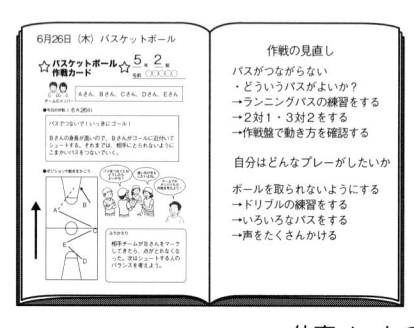

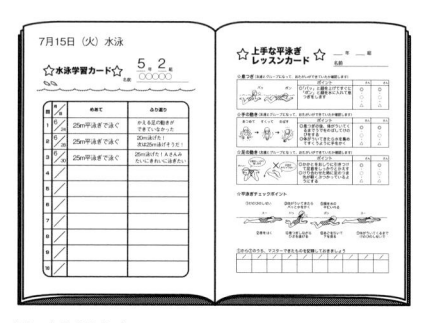

体育ノートの例（高学年）

3 高学年で使える イラスト＆学習カード

体つくり運動
器械運動
陸上運動
水泳
ボール運動
表現運動

体つくり運動①　低 中 高 学年

体ほぐしの運動

「ウォーキング 1 人」
高 - 体つくり運動 001

「ウォーキング 3 人」
高 - 体つくり運動 002

「ウォーキング 4 人 ひし形」
高 - 体つくり運動 003

「おしくらまんじゅう」
高 - 体つくり運動 004

「人つなぎ片足跳び」
高 - 体つくり運動 005

「人間イス」
高 - 体つくり運動 006

「タッチ&エスケープ」
高 - 体つくり運動 007

「円形コミュニケーション」
高 - 体つくり運動 008

「イモムシごろごろ」
高 - 体つくり運動 009

「みんなでジャンプ」
高 - 体つくり運動 010

「ボールサンド①」
高 - 体つくり運動 011

「ボールサンド②」
高 - 体つくり運動 012

体力を高める運動：柔らかさ

「長座体前屈」
高 - 体つくり運動 013

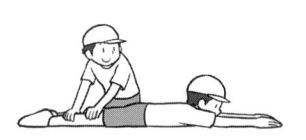

「きゅうりの塩もみ」
高 - 体つくり運動 014

「ストレッチ①」
高 - 体つくり運動 015

「ストレッチ②」
高 - 体つくり運動 016

「ストレッチ③」
高 - 体つくり運動 017

「ストレッチ④」
高 - 体つくり運動 018

「ストレッチ⑤」
高 - 体つくり運動 019

「ストレッチ⑥」
高 - 体つくり運動 020

引っぱり合い
引っぱるよー

「ストレッチ⑦」
高－体つくり運動 021

「ストレッチ⑧」
高－体つくり運動 022

「ストレッチ⑨」
高－体つくり運動 023

「ストレッチ⑩」
高－体つくり運動 024

「体の曲げ」
高－体つくり運動 025

「ひざの曲げ伸ばし」
高－体つくり運動 026

「足の振り上げ」
高－体つくり運動 027

「体の回旋」
高－体つくり運動 028

「ボール渡し①」
高－体つくり運動 029

「ボール渡し②」
高－体つくり運動 030

「ボール渡し③」
高－体つくり運動 031

「ボール渡し④」
高－体つくり運動 032

「棒またぎ」
高－体つくり運動 033

「棒跳び」
高－体つくり運動 034

「長座で棒を引き合う」
高－体つくり運動 035

「体を横に曲げる運動」
高－体つくり運動 036

「体を前に曲げる運動」
高－体つくり運動 037

「体を反らす運動」
高－体つくり運動 038

1 低学年

2 中学年

3 高学年 体つくり運動

体つくり運動②　低　中　高 学年

体力を高める運動：巧みさ

「前跳び」
高 - 体つくり運動 039

「かけ足跳び」
高 - 体つくり運動 040

「2重跳び」
高 - 体つくり運動 041

「出たり入ったり」
高 - 体つくり運動 042

「2人跳び①」
高 - 体つくり運動 043

「2人跳び②」
高 - 体つくり運動 044

「長なわの中で短なわ」
高 - 体つくり運動 045

「長なわの中でキャッチボール」
高 - 体つくり運動 046

「8の字回旋」
高 - 体つくり運動 047

コーンの距離を変える

「コーンタッチ①」
高 - 体つくり運動 048

「コーンタッチ②」
高 - 体つくり運動 049

「棒の移動 2人」
高 - 体つくり運動 050

「棒の移動 3人」
高 - 体つくり運動 051

「ダンボールで障害走」
高 - 体つくり運動 052

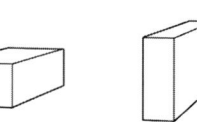

「ケンステップ」
高 - 体つくり運動 053

体力を高める運動：力強さ

「腕立て」
高 - 体つくり運動 054

「腕立て拍手」
高 - 体つくり運動 055

「フープ引っぱり合い」
高 - 体つくり運動 056

「棒引っぱり合い」
高 - 体つくり運動 057

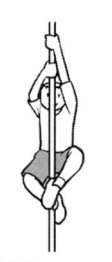

「登り棒①」
高 - 体つくり運動 058

「登り棒②」
高 - 体つくり運動 059

ふりながら移動しよう

「吊なわ移動」
高 - 体つくり運動 060

「ぬかし移動」
高 - 体つくり運動 061

「3人引っぱり」
高 - 体つくり運動 062

「人運び」
高 - 体つくり運動 063

「手押し車」
高 - 体つくり運動 064

「すもう」
高 - 体つくり運動 065

体力を高める運動：持続

3分

「3分間短なわ」
高 - 体つくり運動 066

3分

「3分間長なわ」
高 - 体つくり運動 067

3分

「3分間走」
高 - 体つくり運動 068

「エアロビクス」
高 - 体つくり運動 069

「バンブーダンス」
高 - 体つくり運動 070

1 低学年

2 中学年

3 高学年 体つくり運動

67

体つくり運動③   低 中 **高** 学年

子どもたちの体力に応じて運動を行います

☆ 体のやわらかさ 学習カード ☆

___ 年 ___ 組
名前 _____

体がやわらかくなると…
① 関節の動きが広がるよ
② なめらかな動きになるよ
③ 筋肉がやわらかくなるよ

そうなんだー

☆ いろいろな運動に取り組もう

息をはいて

引っぱり合い

すわって
ぼうを引き合う

体を反らす運動

息をはくときに
ゆらそう

体を前に曲げる運動

● 運動する中で工夫した点を書こう

● 運動する中で気づいた点を書こう

高 – 体つくり運動カード 001

タイミング、バランス、リズム、力の調整を子どもに意識させます

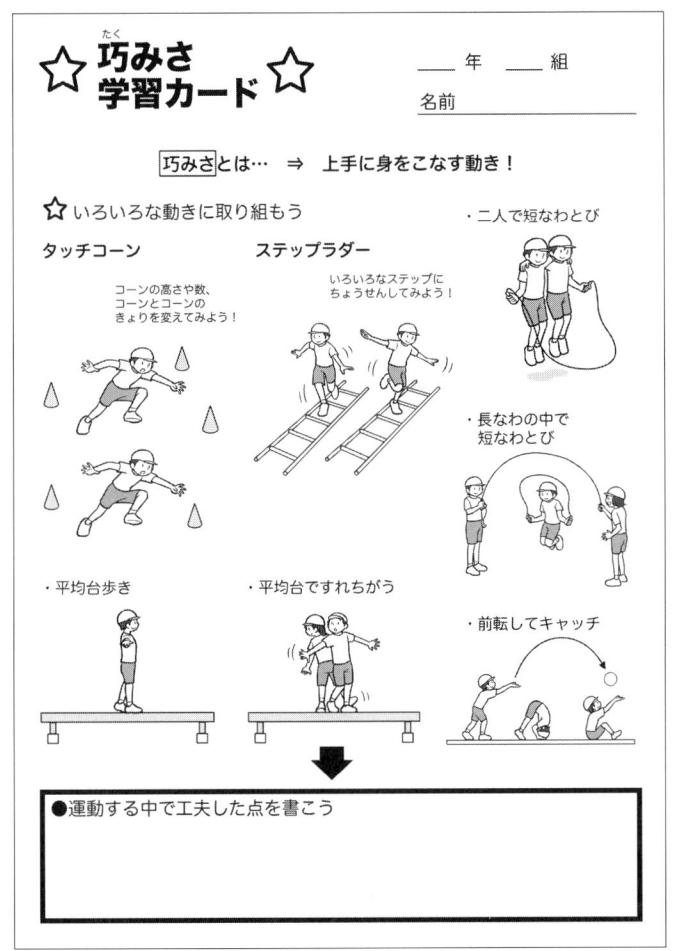

安全面に注意を払いましょう

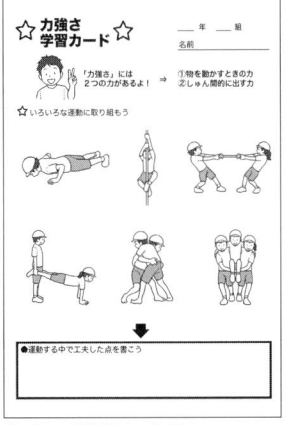

巧みさ 学習カード
___年 ___組
名前 _____

巧みさとは… ⇒ 上手に身をこなす動き！

☆ いろいろな動きに取り組もう

タッチコーン
コーンの高さや数、コーンとコーンのきょりを変えてみよう！

ステップラダー
いろいろなステップにちょうせんしてみよう！

・二人で短なわとび

・長なわの中で短なわとび

・平均台歩き

・平均台ですれちがう

・前転してキャッチ

●運動する中で工夫した点を書こう

高-体つくり運動カード 002

力強さ 学習カード
___年 ___組
名前 _____

「力強さ」には2つの力があるよ！
① 物を動かすときの力
② しゅん間的に出す力

☆ いろいろな運動に取り組もう

●運動する中で工夫した点を書こう

高-体つくり運動カード 003

持続する力 学習カード
___年 ___組
名前 _____

自分のリズムをつくると、長く運動しやすくなるよ！

☆ いろいろな運動に取り組もう

エアロビクス　3分間なわとび　3分間走

3分間長なわとび　バンブーダンス

●運動する中で気づいた点を書こう

●運動する中で工夫した点を書こう

高-体つくり運動カード 004

拡大して掲示します。

資料：いろいろなストレッチの方法
___年 ___組
名前 _____

長座体前屈　きゅうりのしおもみ

引っぱり合い　体を横に曲げる運動　体を前に曲げる運動　体を反らす運動

いろいろなストレッチをやってみよう！！

高-体つくり運動カード 005

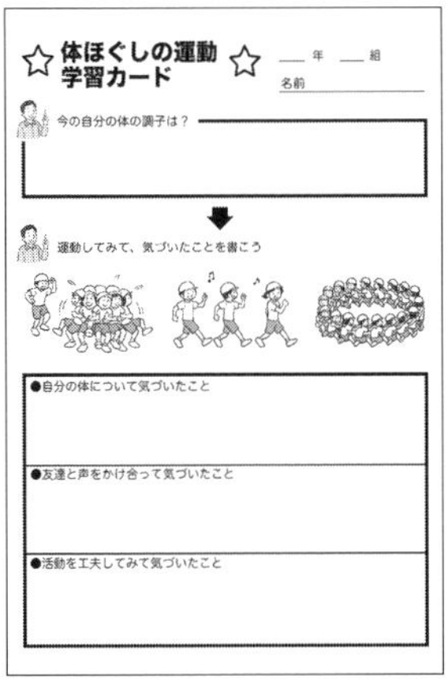

体ほぐしの運動 学習カード
___年 ___組
名前 _____

今の自分の体の調子は？

運動してみて、気づいたことを書こう

●自分の体について気づいたこと

●友達と声をかけ合って気づいたこと

●活動を工夫してみて気づいたこと

高-体つくり運動カード 006

1 低学年
2 中学年
3 高学年 体つくり運動

器械運動① 高学年

マット

「開脚前転」
高 – 器械運動 001

「跳び前転」
高 – 器械運動 002

「開脚後転」
高 – 器械運動 003

「伸膝後転」
高 – 器械運動 004

「倒立」
高 – 器械運動 005

「頭倒立」
高 – 器械運動 006

「補助倒立」
高 – 器械運動 007

「倒立ブリッジ」
高 – 器械運動 008

「腕立て横跳び越し」
高 – 器械運動 009

「側方倒立回転」
高 – 器械運動 010

「ロンダート」
高 – 器械運動 011

鉄　棒

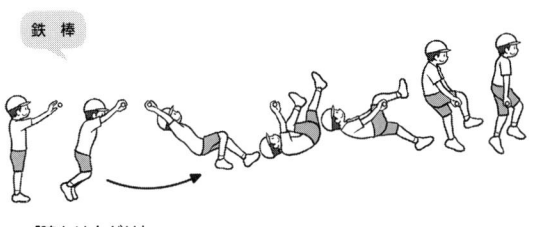

「膝かけ上がり」
高 - 器械運動 012

「ももかけ上がり」
高 - 器械運動 013

「膝かけ振り上がり」
高 - 器械運動 014

「逆上がり」
高 - 器械運動 015

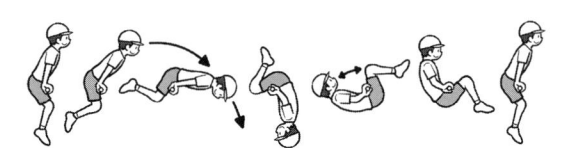

「前方支持回転」
高 - 器械運動 016

「後方支持回転」
高 - 器械運動 017

「前回り下り」
高 - 器械運動 018

「コウモリ下り」
高 - 器械運動 019

「転向前下り」
高 - 器械運動 020

「片足踏み越し下り」
高 - 器械運動 021

「コウモリ振り下り」
高 - 器械運動 022

1　低学年

2　中学年

3　高学年　器械運動

器械運動② 低 中 高 学年

跳び箱

「開脚跳び」
高 - 器械運動 023

「大きな開脚跳び」
高 - 器械運動 024

「かかえ込み跳び」
高 - 器械運動 025

「台上前転」
高 - 器械運動 026

「大きな台上前転」
高 - 器械運動 027

「首はね跳び」
高 - 器械運動 028

「頭はね跳び」
高 - 器械運動 029

73

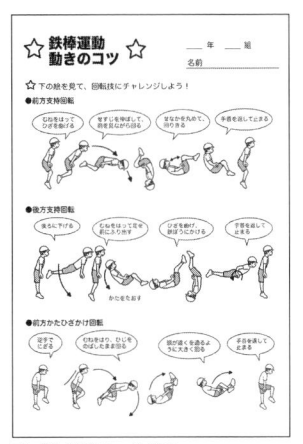

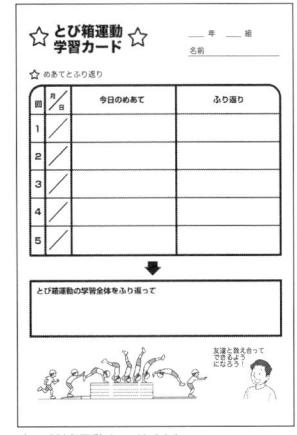

陸上運動① 低 中 **高** 学年

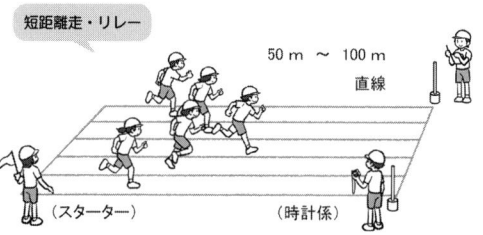

短距離走・リレー

「短距離走（直線、50～100 メートル）」
高 - 陸上運動 001

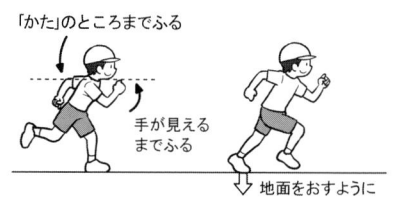

「全力での中間走」
高 - 陸上運動 002

「バトンパス」
高 - 陸上運動 003

「走るときの姿勢」
高 - 陸上運動 004

ハードル走

「素早くスタート」
高 - 陸上運動 005

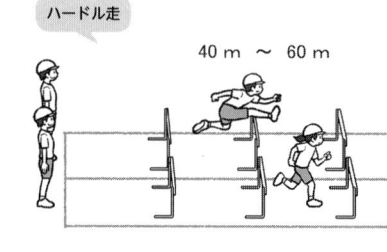

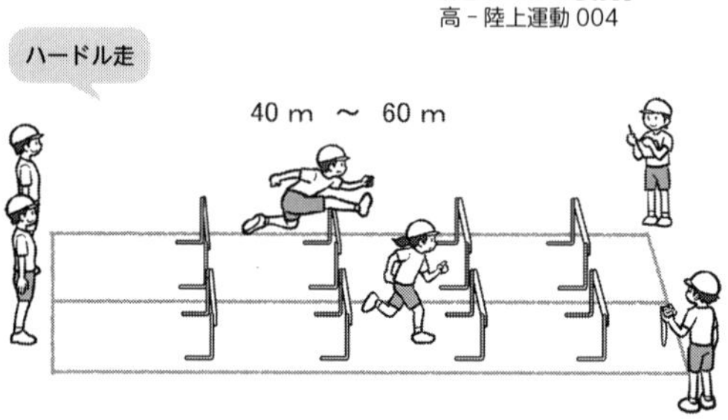

「ハードル走（40～60 メートル）」
高 - 陸上運動 006

「第1ハードルを決めた足で跳ぶ」
高 - 陸上運動 007

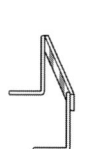

「ハードルを跳ぶときの姿勢」
高 - 陸上運動 008

「片足で練習」
高 - 陸上運動 009

「ハードルを跳ぶ流れ」
高 - 陸上運動 010

走り幅跳び

「助走が15〜20メートルの走り幅跳び」
高 – 陸上運動 011

15 m 〜 20 m
フープ

「色々なジャンプで準備運動」
高 – 陸上運動 012

「空中姿勢の練習」
高 – 陸上運動 013

「走り幅跳びの流れ」
高 – 陸上運動 014

① 助走　② ふみ切り　③ 空中しせい　④ 着地

走り高跳び

「足の振り上げ」
高 – 陸上運動 015

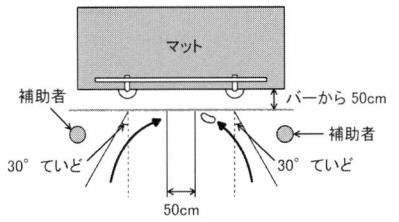

「用具やラインの正しい位置」
高 – 陸上運動 016

マット
補助者
バーから50cm
補助者
30°ていど　30°ていど
50cm

「上体を起こして高く踏み切る」
高 – 陸上運動 017

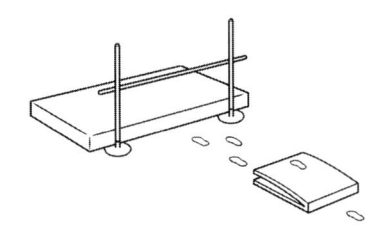

「アクセント助走」
高 – 陸上運動 018

「リズミカルな助走（5〜7歩）」
高 – 陸上運動 019

「2本バー跳び」
高 – 陸上運動 020

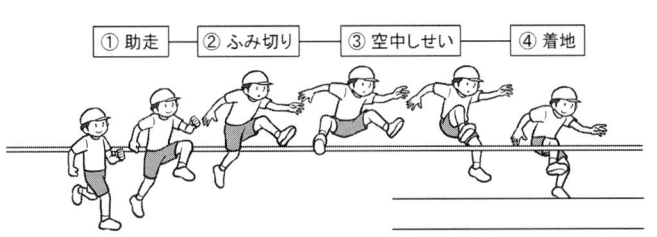

「走り高跳びの流れ」
高 – 陸上運動 021

① 助走　② ふみ切り　③ 空中しせい　④ 着地

1 低学年

2 中学年

3 高学年　陸上運動

75

陸上運動② 高学年

単元のはじめに配付しましょう

☆走りはばとび練習いろいろマップ☆

☆助走／ふみ切りの練習

①助走のきょりとふみ切りの足のタイミングを合わせたい！

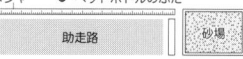

メジャー　●ペットボトルのふた
助走路　　砂場

◎助走路をつくります。メジャーを横に置いて15〜20mの助走路を走りましょう。先生と相談し、適切なふみ切りの位置にペットボトルのふたを置いて、目印をつけておきます。

②リズムアップしてふみ切りたい！

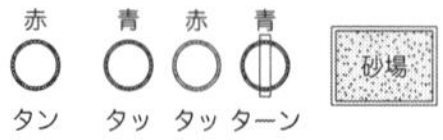

赤　青　赤　青
○　○　○　○　砂場
タン　タッ　タッ　ターン

◎「ケンステップ」などの小さな輪をふみ切りの最後の4歩のところに置きます。リズミカルにふみ切りましょう。

③力強くふみ切りたい！

4歩助走　ふみ切り板　砂場

◎砂場の前に、ふみ切り板を置きます。「ドン」と大きな音を出して足の裏全体を使ってふみ切りましょう。

④上へとふみ切りたい！

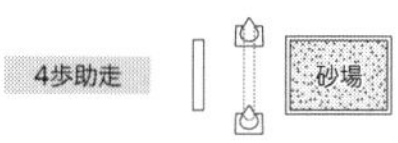

4歩助走　　砂場

◎砂場の前に平ゴムを張った三角コーンを2つ置きます。平ゴムをとびこえながら上方向へとふみ切りましょう。

☆空中しせい／着地の練習

①両うでを上へとふり上げたい！

4歩助走　　マット

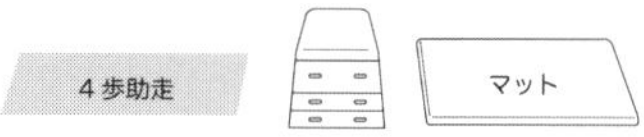

◎マットの前に1〜3段のとび箱を置きます。とび箱を片足でふみ切り、両うでを大きくふり上げてとびましょう。

②もっと、両うでを上へとふり上げたい！

4歩助走　　マット

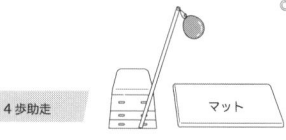

◎マットの前に、先に風船をつけた1mほどのぼうをとり付けた1〜3段のとび箱を置きます。とび箱を片足でふみ切りながら、両うででを風船をタッチしましょう。

③ひざをやわらかく曲げて着地したい！

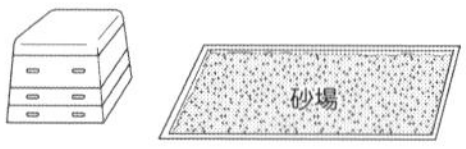

砂場

◎砂場の前に3段のとび箱を置きます。とび箱の上から両うでを数回ふって勢いをつけて、砂場にとび下ります。ひざをやわらかく曲げて着地しましょう。

高－陸上運動カード001

☆走り高とび練習いろいろマップ☆

_____年_____組
名前_____

☆アクセント助走の練習

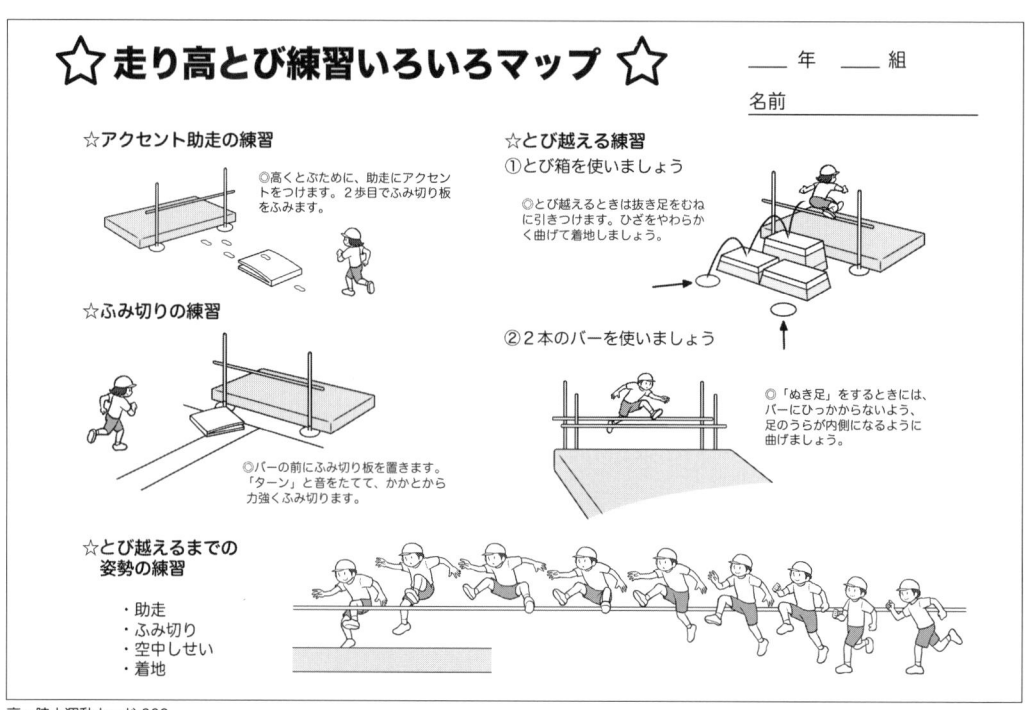

◎高くとぶために、助走にアクセントをつけます。2歩目でふみ切り板をふみます。

☆ふみ切りの練習

◎バーの前にふみ切り板を置きます。「ターン」と音をたてて、かかとから力強くふみ切ります。

☆とび越える練習

①とび箱を使いましょう

◎とび越えるときは抜き足をむねに引きつけます。ひざをやわらかく曲げて着地しましょう。

②2本のバーを使いましょう

◎「ぬき足」をするときには、バーにひっからないよう、足のうらが内側になるように曲げましょう。

☆とび越えるまでの姿勢の練習

・助走
・ふみ切り
・空中しせい
・着地

高－陸上運動カード002

76

B4サイズ。拡大して掲示しましょう。　　　　単元を通して子どもの伸びを見取ります

☆走りはばとび得点表☆

☆50m走のタイムをもとに、はばとびの記録を得点化し、競争します
① 50m走のタイムを記録します＿＿＿＿＿秒
② はばとびでとんだ長さを記録します＿＿＿＿＿cm
③ 対応するところにあるのがあなたの得点です

50mタイム	1点	2点	3点	4点	5点	6点	7点	8点	9点	10点
7.6秒〜	215以下	216〜248	249〜273	274〜295	296〜314	315〜331	332〜347	348〜362	363〜376	377以上
7.7秒〜	212以下	213〜244	245〜269	270〜291	292〜310	311〜327	328〜343	344〜358	359〜372	373以上
7.9秒〜	209以下	210〜240	241〜265	266〜287	288〜306	307〜323	324〜339	340〜354	355〜368	369以上
8.1秒〜	204以下	205〜236	237〜261	262〜283	284〜302	303〜319	320〜335	336〜350	351〜364	365以上
8.3秒〜	200以下	201〜232	233〜257	258〜279	280〜298	299〜315	316〜331	332〜346	347〜360	361以上
8.5秒〜	196以下	197〜228	229〜253	254〜275	276〜294	295〜311	312〜327	328〜342	343〜356	357以上
8.7秒〜	192以下	193〜224	225〜249	250〜271	272〜290	291〜307	308〜324	324〜338	339〜352	353以上
8.9秒〜	188以下	189〜220	221〜245	246〜267	268〜286	287〜303	304〜319	320〜334	335〜348	349以上
9.1秒〜	184以下	185〜216	217〜241	242〜264	265〜282	283〜299	300〜315	316〜330	331〜344	345以上
9.3秒〜	180以下	181〜212	213〜237	238〜259	260〜278	279〜295	296〜311	312〜326	327〜340	341以上
9.5秒〜	176以下	177〜208	209〜233	234〜255	256〜274	275〜291	292〜307	308〜322	323〜336	337以上
9.7秒〜	172以下	173〜204	205〜229	230〜251	252〜270	271〜287	288〜303	304〜318	319〜332	333以上
9.9秒〜	168以下	169〜200	201〜225	226〜247	248〜266	267〜283	284〜299	300〜314	315〜328	329以上
10.1秒〜	164以下	165〜196	197〜221	222〜243	244〜262	263〜279	280〜295	296〜310	311〜324	325以上
10.3秒〜	160以下	161〜192	193〜217	218〜239	240〜258	259〜275	276〜291	292〜306	307〜320	321以上
10.5秒〜	156以下	157〜186	187〜211	212〜233	234〜252	253〜269	270〜285	286〜300	301〜314	315以上
10.7秒〜	152以下	153〜182	183〜207	208〜229	230〜248	249〜265	266〜281	282〜296	297〜310	311以上
10.9秒〜	148以下	149〜178	179〜203	204〜225	226〜244	245〜261	262〜277	278〜292	293〜306	307以上
11.1秒〜	144以下	145〜174	175〜199	200〜221	222〜240	241〜257	258〜273	274〜288	289〜302	303以上
11.3秒〜	140以下	141〜170	171〜195	196〜217	218〜236	237〜253	254〜269	270〜284	285〜298	299以上
11.5秒〜	136以下	137〜166	167〜191	192〜213	214〜232	233〜249	250〜265	266〜280	281〜294	295以上
11.7秒〜	132以下	133〜162	163〜187	188〜209	210〜228	229〜245	246〜261	262〜276	277〜290	291以上
11.9秒〜	128以下	129〜158	159〜183	184〜205	206〜224	225〜241	242〜257	258〜272	273〜286	287以上

☆競争しましょう

回		①	②	③	④	⑤	⑥	順位
1	記録	cm	cm	cm	cm	cm	cm	
	得点	点	点	点	点	点	点	
2	記録	cm	cm	cm	cm	cm	cm	
	得点	点	点	点	点	点	点	
3	記録	cm	cm	cm	cm	cm	cm	
	得点	点	点	点	点	点	点	

高 - 陸上運動カード 003

☆走りはばとび学習カード☆

高 - 陸上運動カード 004

☆走り高とび学習カード☆

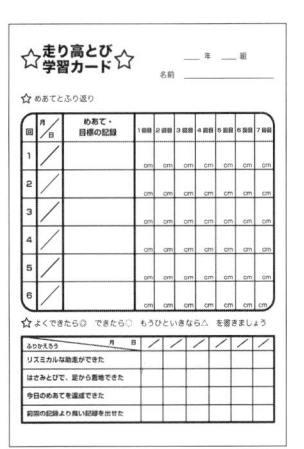

高 - 陸上運動カード 005

☆リレー学習カード☆

高 - 陸上運動カード 006

☆ハードル走学習カード☆

高 - 陸上運動カード 007

☆バトンパス攻略カード☆

高 - 陸上運動カード 008

1 低学年
2 中学年
3 高学年　陸上運動

水泳① 低 中 **高** 学年

「大の字浮き」
高 - 水泳 001

「どん！ジャンケン」
高 - 水泳 002

「スイム駅伝」
高 - 水泳 003

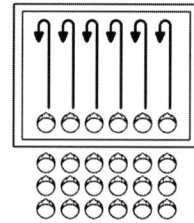

「スイム駅伝コース」
高 - 水泳 004

クロール

「歩きながら息つぎ」
高 - 水泳 005

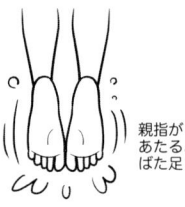

「ばた足」
高 - 水泳 006

「ばた足（悪い例）」
高 - 水泳 007

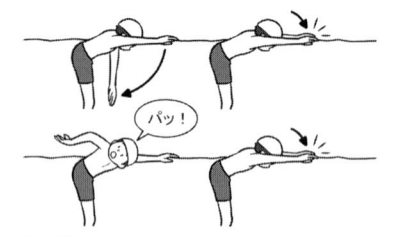

「手かき＋息つぎ」
高 - 水泳 008

「クロール息つぎ（悪い例）」
高 - 水泳 009

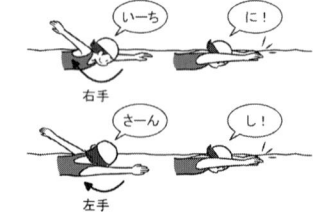

「クロール手かき」
高 - 水泳 010

「クロール」
高 - 水泳 011

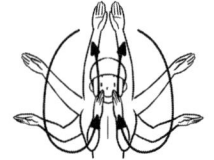

「平泳ぎ手かき」
高 - 水泳 012

平泳ぎ

「平泳ぎ息つぎ」
高 - 水泳 013

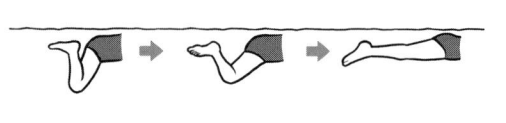

「平泳ぎカエル足」
高 - 水泳 014

「平泳ぎ」
高 - 水泳 015

「平泳ぎ足の動き」
高 - 水泳 016

「浮き具とかき具」
高 - 水泳 017

「補助付き背泳ぎ」
高 - 水泳 018

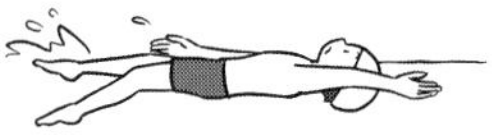

「背泳ぎ」
高 - 水泳 019

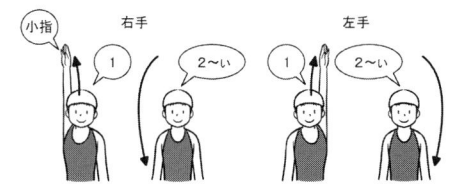

「背泳ぎの手の動き」
高 - 水泳 020

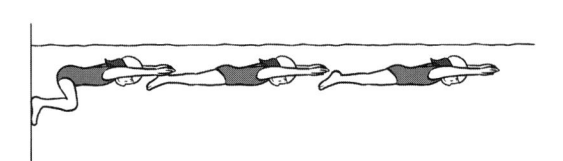

「壁をけってスタート」
高 - 水泳 021

「イルカ跳び」
高 - 水泳 022

「着衣のまま水に落ちたら」
高 - 水泳 023

「体の力を抜いて浮く」
高 - 水泳 024

「力を抜いた平泳ぎ」
高 - 水泳 025

「近くにある浮くものにつかまる」
高 - 水泳 026

「エレメンタリーバックストローク」
高 - 水泳 027

1 低学年

2 中学年

3 高学年　水泳

水泳② 高学年

☆チーム対抗スイム駅伝☆

___ 年 ___ 組
名前 _____

ルール
・4人グループで、1人が片道を泳ぎます
・リレーのように交代で泳ぎ、くりかえします
・10分間で合計何メートル泳ぐことができたか数えて競争します

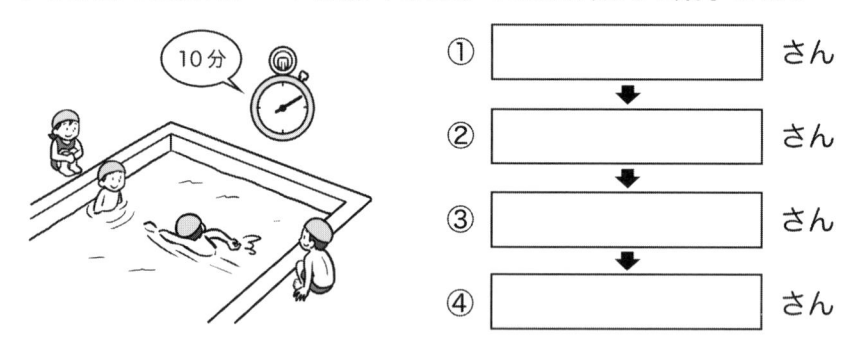

① [　　　　　] さん
↓
② [　　　　　] さん
↓
③ [　　　　　] さん
↓
④ [　　　　　] さん

☆泳げたところまで、印をつけておきます

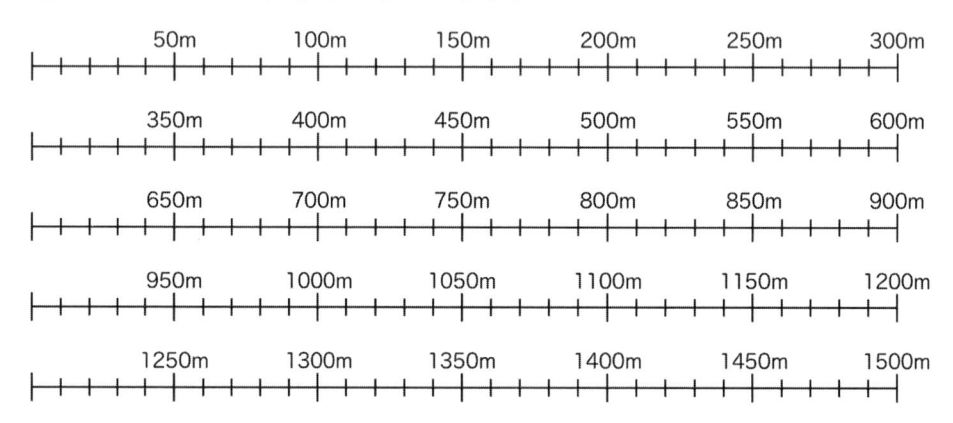

50m　100m　150m　200m　250m　300m
350m　400m　450m　500m　550m　600m
650m　700m　750m　800m　850m　900m
950m　1000m　1050m　1100m　1150m　1200m
1250m　1300m　1350m　1400m　1450m　1500m

☆目標を決めよう！
① 1回目のスイム駅伝で何m泳げたかを記録します [　　　] m
② 1回目の記録 [　　　] m × スイム駅伝を行った回数 [　　] 回
③ ②での数字が、今日泳ぐ合計記録の目標です [　　　] m

高-水泳カード 001

3 高学年　水泳

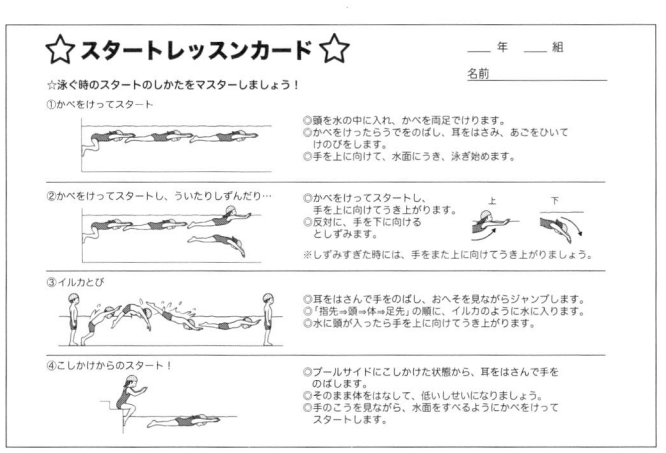

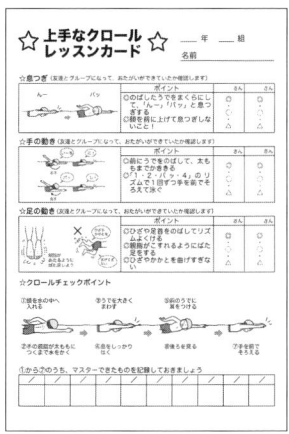

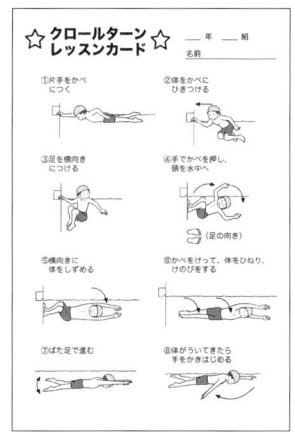

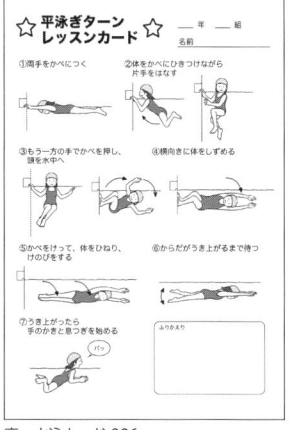

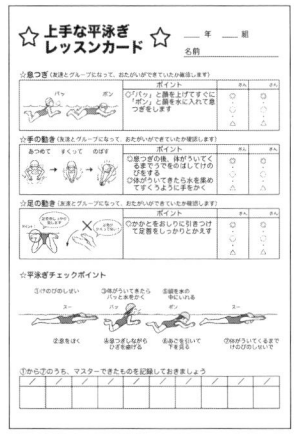

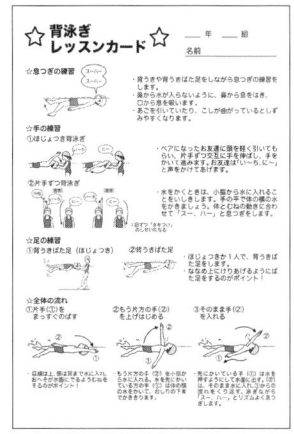

ボール運動① 低 中 **高** 学年

バスケットボール

「パス練習3対2」
高-ボール運動001

「パス練習3対3」
高-ボール運動002

「ナンバリングパス」
高-ボール運動003

「ゴール下シュート」
高-ボール運動004

「ドリブルシュート」
高-ボール運動005

「パス&シュート」
高-ボール運動006

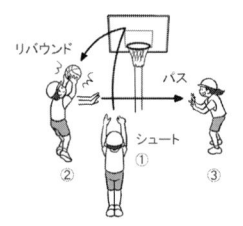

「ナンバリングシュート」
高-ボール運動007

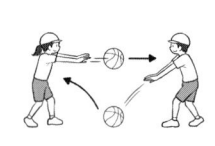

「入れかえパス」
高-ボール運動008

サッカー

「ナンバリングパス」
高-ボール運動009

「ドリブル鬼ごっこ」
高-ボール運動010

拡大して、チームごとに配付します。

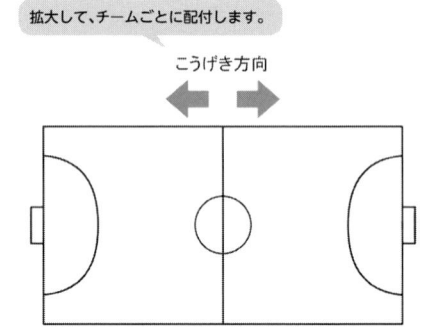

こうげき方向

「サッカー作戦図」
高-ボール運動011

「パス&シュート」
高-ボール運動012

「3対2」
高-ボール運動013

パスやドリブル、シュートする位置などを書き込んで作戦を考えていきます。

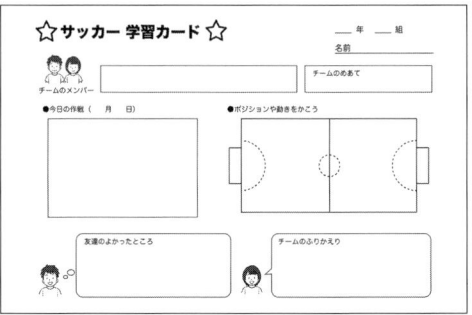

「ドリブル」
高-ボール運動014

「シュート」
高-ボール運動015

☆サッカー 学習カード☆
高-ボール運動カード001

タグラグビー

「ストレッチ」
高-ボール運動016

「ボール渡しリレー」
高-ボール運動017

「タグラグビー禁止行為」
高-ボール運動018

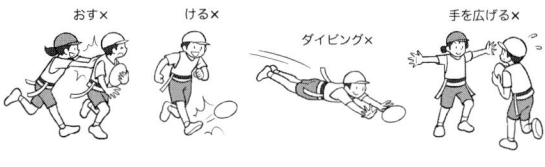

フラッグフットボール

「ボールラン」
高-ボール運動019

「パス」
高-ボール運動020

「手渡し」
高-ボール運動021

「フェイク」
高-ボール運動022

「ガード」
高-ボール運動023

「スナップ」
高-ボール運動024

「正しいフラッグの付け方」
高-ボール運動025

「フラッグ」
高-ボール運動026

ソフトバレーボール

「円陣パス」
高-ボール運動027

「席替え鬼」
高-ボール運動028

「反則・ドリブル」
高-ボール運動029

「反則・タッチネット」
高-ボール運動030

「反則・ホールディング」
高-ボール運動031

「反則・オーバータイムス」
高-ボール運動032

「ゲームの開始・終了」
高-ボール運動033

「審判・サーブの吹笛」
高-ボール運動034

「審判・反則のとき」
高-ボール運動035

1 低学年

2 中学年

3 高学年　ボール運動

83

ボール運動② 低 中 **高** 学年

プレルボール

「パスゲーム」
高 - ボール運動 036

「的当てゲーム」
高 - ボール運動 037

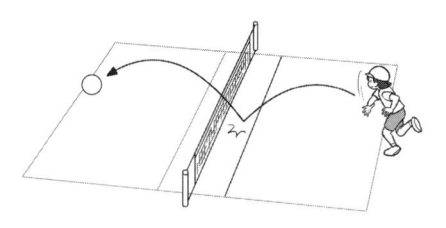

「打ち込む練習」
高 - ボール運動 038

「サイドに打ち込む練習」
高 - ボール運動 039

「2対2の練習」
高 - ボール運動 040

「投げ入れ→レシーブ練習」
高 - ボール運動 041

「レシーブ→トス→スパイク練習」
高 - ボール運動 042

ソフトボール

「ティーバッティングの仕方」
高 - ボール運動 043

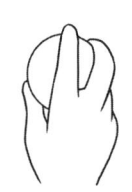

「ボールの握り方」
高 - ボール運動 044

「キャッチボール」
高 - ボール運動 045

「構え方」
高 - ボール運動 046

「ゲーム」
高 - ボール運動 047

「打ち方（スイング）」
高 - ボール運動 048

「ふりかえり」欄では、次時のゲームで生かせる内容を書いていきます

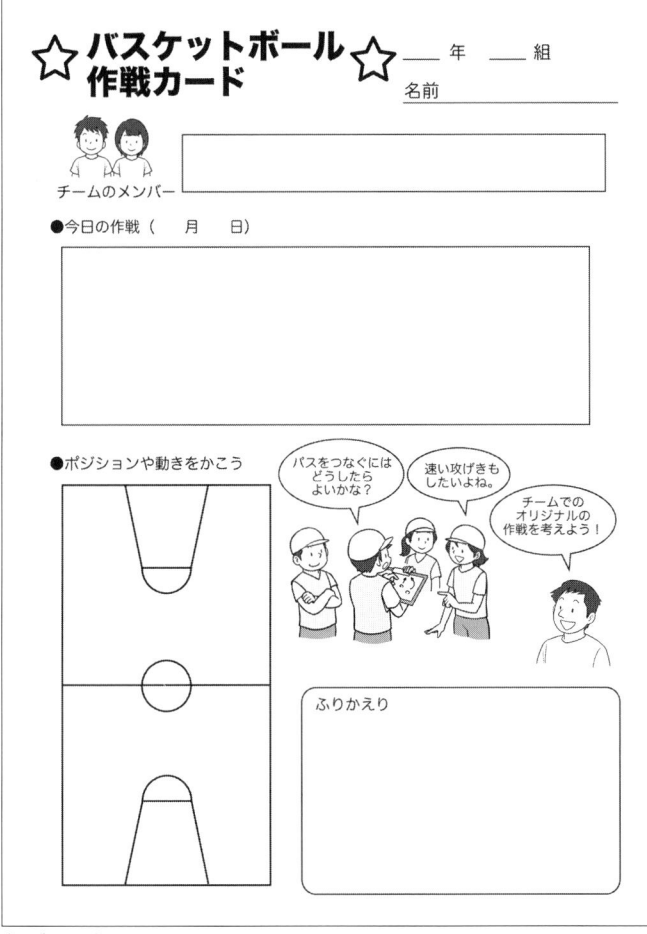

「めあて」には、チームのために自分ができることを書いていきます

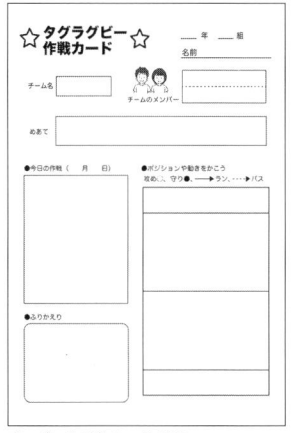

高 - ボール運動カード 002

高 - ボール運動カード 003

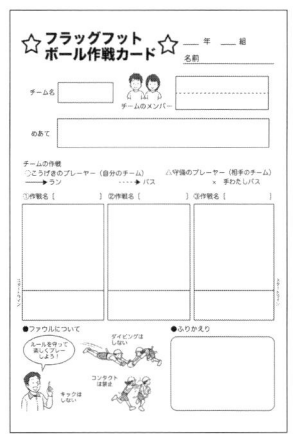

高 - ボール運動カード 004

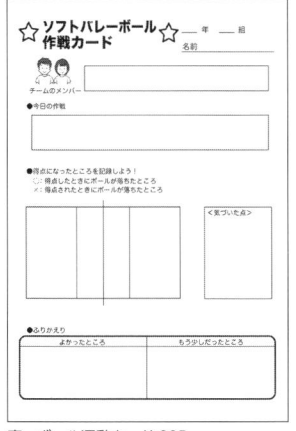

高 - ボール運動カード 005

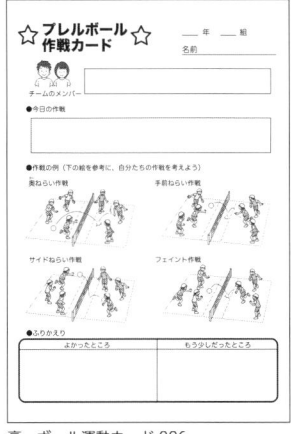

高 - ボール運動カード 006

高 - ボール運動カード 007

表現運動　低 中 ⓗ 学年

「激しい動き（「雨がふってきた」）」
高 – 表現運動 001

「やわらかい動き（そよ風がふく）」
高 – 表現運動 002

「群が生きる題材（野球）」
高 – 表現運動 003

「群が生きる題材（バスケットボール）」
高 – 表現運動 004

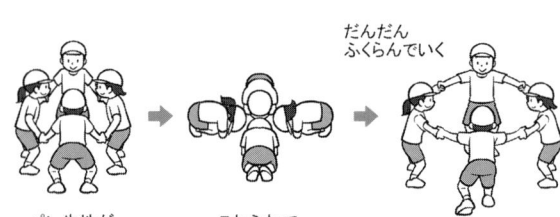

「はじめ・なか・おわり（パン作り）」
パン生地が　こねられて　だんだんふくらんでいく
高 – 表現運動 005

「氷がとける」
カチン　コチン　とけた〜
高 – 表現運動 006

「はじめ・なか・おわり（花火）」
パッー　シュー　パチパチパチ　シュル、シュルバーン　さくれつする
高 – 表現運動 007

「ソーラン節」
高 – 表現運動 008

「フォークダンス」
高 – 表現運動 009

86

☆表現学習カード☆　___年___組　名前_____

単元全体

☆めあてとふり返り

回	月/日	めあて	気づいたこと
1	/		
2	/		
3	/		
4	/		
5	/		
6	/		
7	/		

☆よくできたら◎　できたら○　もうひといきなら△　を書きましょう

ふり返り　月/日	/	/	/	/	/	/	/
今日のめあてを達成できた							
色々な題材から表現できた							
仲間と協力してとりくむことができた							
「はじめ」「なか」「おわり」をいしきすることができた							
自分の意見を言うことができた							

高 - 表現運動カード 001

☆オリジナルストーリー台本カード☆　___年___組　劇団_____

子どもたちの個性に合わせて後を決めていきます

☆「はじめ」のシーン

役名	いつ	どこで	何	イメージ図

☆「なか」のシーン

役名	いつ	どこで	何	イメージ図

☆「おわり」のシーン

役名	いつ	どこで	何	イメージ図

☆お友達に一番伝えたいこと／GOODポイント
(　　　　　　　　　　　　　　　　　　　　)

高 - 表現運動カード 002

☆フォークダンスをおどろうカード☆　___ねん___くみ　名前_____

☆コロブチカのおどりの順番をマスターして楽しくおどりましょう♪

ステップ1　ランニング・ショティッシュ（4呼間×3　計12呼間）
ステップ2　ホップ・トー・タッチ（4呼間）
ステップ3　スリー・ステップ・ターン（4呼間×3　計8呼間）
ステップ4　バランス回転（4呼間×2　計8呼間）
ステップ5　3と4のくり返し（16呼間）

以下、ステップ1～5までをくり返す

☆めあて：

☆よくできたら◎できたら○もうひといきなら△を書きましょう

ふり返り	評価	感想
めあてに向かってとりくむことができた		
大まかなおどり方を身につけた		
色々なステップができた		
リズミカルにおどることができた		
相手に合わせておどることができた		
感情をこめておどることができた		

高 - 表現運動カード 003

☆ソーラン節をおどろうカード☆　___ねん___くみ　名前_____

☆ソーラン節の流れをマスターしてかっこよくおどりましょう！

①ヤーレン　ソーラン♪
②ソーラン　ソーラン　ソーラン　ソーラン♪
③ハイ　ハイ
④沖のかもめに潮時問えば♪
⑤私しゃ　発つ鳥　波に聞け♪
⑥チョイ　ヤサ
⑦エン　ヤアーノ♪
⑧ドッコイショ
⑨ハー　ドッコイショ　ドッコイショ

☆めあて：

☆よくできたら◎できたら○もうひといきなら△を書きましょう

ふり返り	評価	感想
めあてに向かってとりくむことができた		
おどり方のとくちょうをとらえることができた		
大まかなおどり方を身につけた		
リズミカルにおどることができた		
皆と協力しておどることができた		
感情をこめておどることができた		

高 - 表現運動カード 004

Staff

[執筆]
教師生活向上プロジェクト

[本文・カバーデザイン]
竹内宏和（藤原印刷株式会社）

[イラスト]
原恵美子
オセロ
イオック

[CD-ROM製作]
株式会社フリークス

小学校体育　簡単！授業で役立つ！
イラスト＆学習カード CD-ROM

2016（平成28）年 1 月25日　初版第 1 刷発行
2025（令 和 7）年 2 月25日　初版第14刷発行

編　者　　教師生活向上プロジェクト
発行者　　錦織圭之介
発行所　　株式会社 東洋館出版社
　　　　　〒 101-0054　東京都千代田区神田錦町 2 丁目 9 番 1 号
　　　　　　　　　　　コンフォール安田ビル 2 階
　　　　　　　　代　表　TEL：03-6778-4343　FAX：03-5281-8091
　　　　　　　　営業部　TEL：03-6778-7278　FAX：03-5281-8092
振　替　　00180-7-96823
Ｕ Ｒ Ｌ　　https://www.toyokan.co.jp

[印刷・製本]　藤原印刷株式会社
ISBN978-4-491-03170-5　　Printed in Japan
©kyoushiseikatsu koujyou project, 2016.
All Right Reserved.

※本書は著作権上の保護を受けています。本書の一部あるいは全部について、株式会社東洋館出版社及び著作権者の許諾を得ずに無断で複写・複製することは禁じられています。ただし、購入者が本書を授業などに使用する場合は、この限りではありません。
※本書に付属のCD-ROMは、図書館及びそれに準ずる施設において館外に貸出することはできません。